焚き火の本
猪野正哉

YEARS

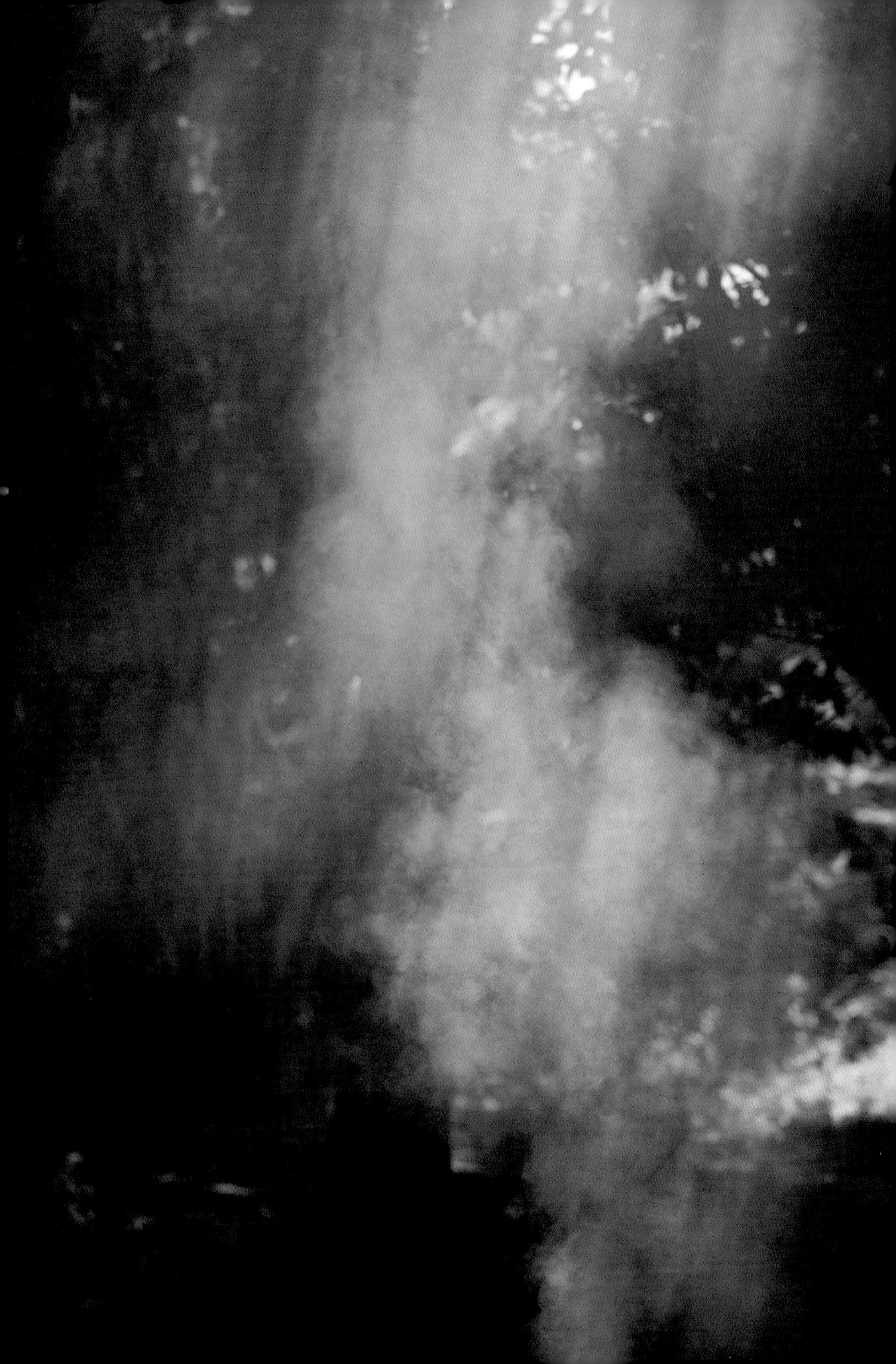

C2

はじめに

いま、あなたは焚き火に興味を持ってくれている。

表紙の写真に惹かれ、ページをめくってくれたのだろうか。ここまで見ていただけただけでも、焚き火の魅力が少しは伝わったと思う。

焚き火の魅力を伝えること。これが本書の狙いであり、私の肩書「焚き火マイスター」としての役目である。

近年は空前のキャンプブームが到来し、焚き火もブームの真っただ中。あちらこちらの雑誌やＴＶ番組で特集が組まれているほどだ。この自然と戯れる遊びは大変面白く、奥が深い。その魅力をもっとたくさんの人に知ってもらいたくて、私は〝焚き火〟を仕事にすることにした。

焚き火を始めるのに、遅いも早いもない。はじめからうまくやろうなんて思わず、たくさん失敗して、たくさん笑ってほしい。まあ、深く考えず、気楽に始めてもらいたい。試行錯誤を繰り返した末に、初めて一人で着火に成功したときのことは、今でも忘れられない。小さな達成感かもしれないが、この成功を積み重ねていくことで、誰でも大きな満足感が味わえる。

本書には小さな成功を積み重ねるためのコツを詰め込んだ。読み終えるころには、いますぐにでも家を飛び出し、炎の前に座りたい気持ちになるだろう。ゆれる炎をうっとりと眺めながら、自分だけの焚き火時間を楽しんでほしい。

Contents

37 — 第二章 装備&準備

［ロケーション協力］
四尾連湖 水明荘
たき火ヴィレッジ〈いの〉

第一章

概念&知識

Chapter 01

Conception & Knowledge

焚き火には場を成立させる力がある

人々はなぜ、いま焚き火を求めているのか。そこに明確な答えはない。

炎に癒やされる。あえて無駄な時間を楽しむ。自然を満喫できる。理由は人それぞれ違っていい。私もよく質問されることだが、「そこに薪があるから」と山登りの名言をお借りして、明確な答えからさらっと逃げている。理由を追求してしまったらつまらない。「焚き火をするとなぜか気持ちいいから」で十分だろう。

火を囲むというシンプルな行為は原始の時代から変わっておらず、これだけ文明や遊びが発達しても、いまだに炎の前に座りたくなるのだから不思議だ。

ひとつ言えるのは、「焚き火は万能のコミュニケーションツール」だということ。一人で焚いても決して寂しくならないし、仲間と囲めば親睦が深まり、はじめましてでも仲良くなれる。たとえ無言になっても、不思議と場を成立させてしまう力が、焚き火にはある。

ルールがない分
スキルが試される

直火

その名のとおり、火を地面で直におこすこと。焚き火好きには憧れのスタイルだ。キャンプ場でも、決められたエリア内であればできる場所もある。雨上がりに地面が濡れていると難易度が上がり、経験や知識が問われる。

ソロでミニマムに
燃やすなら

ネイチャーストーブ

身近にある枯れ葉や小枝を燃料にコンパクトに燃やす。手のひらサイズながらも、焚き火としての基本機能は十分。携帯性もよく、ソロのバイカーやハイカーにも向く。暖をとる目的より、調理道具としてや炎を楽しむ用。

もはや
持っていないと
非常識

焚き火台

最も火を安全に楽しめるスタイル。火床が地面から離れるため、芝生や自然環境にやさしい。直火禁止の場所が多くなり、キャンプ場ではマストアイテムだ。さまざまなタイプの台があり、調理道具としての機能も果たす。

あれもこれも先入観を持たずにやってみる

何事も、やったこともないうちから、先入観だけで否定するのはいけない。

多種多様なスタイルがある焚き火の世界も一緒。ひとつのスタイルにこだわるのはよいことでもあるが、向上心を持っていろいろなスタイルの焚き火を試してみてほしい。きっとそれぞれのよさを見つけられるはずだ。

どれも基本の手順は同じなので、本書に載っているノウハウを身につければ誰でもトライできる。まずは「向いていなかったらやめる」くらいの軽い気持ちで、広く浅くやってみるといい。何度も火をおこすうちに、自然と自分の好みがわかってくるだろう。

焚き火も
道具も
ナイフ1本で

ブッシュクラフト

文明の利器に極力、頼らず、自然から得られるものだけを使うスタイルで、必要な道具はナイフ1本で作り出す。サバイバルとの違いは能動的に行なうこと。山に分け入り、あえて不自由を楽しむ。

火の原体験は
ここから始まる

キャンプファイヤー

林間学校の夜の定番行事。儀式的な要素があり、火を囲み、友好を深めるためにダンスを踊り、歌ったりする。このイメージが残り、大きな炎を上げることが焚き火だと思っている人も少なくない。

生活に寄り添う
実用型の極み

カンカン系

田舎ではいまだに家庭ゴミを燃やしているところもある。焼却が主な目的だが、生活に身近な焚き火である。この形が懐かしいと、あえてDIYする人もいる。一斗缶に穴をあけるだけで簡単に完成する。

なかでも、個人的には直火がおすすめ。炎が美しく立ち上がる姿に思わず見惚れてしまう。しかし、直火ができる場所は少なく、初心者には少しハードルが高めだ。

初心者でも始めやすいのは、やはりキャンプ場で焚き火台を使うスタイル。まずは、これでしっかりノウハウを身につける。人気絶頂の芸人・ヒロシさんが実践しているネイチャーストーブやブッシュクラフトにも憧れてしまうが、あれを実践するには相応の経験と知識が必要になる。

カンカンは昭和を感じさせるスタイル。ドカジャンを着たトッポイ兄さんがタバコの吸い殻を投げ込んでいるようなイメージで、どこかカッコいい。古き良き時代を思い出させてくれる。

幼少期の焚き火の思い出といえばキャンプファイヤーで、あの大迫力の炎はいまでも忘れられない。いまも体験できるキャンプ場もある。子どもに見せてあげれば、きっと炎のとりこになるに違いない。

風向きは実用性よりも魅せる時代へ

もともと焚き火は、暖をとり、料理をし、照明にもなる、生活に寄り添った道具だった。しかし、暮らしが豊かになるにつれて、実用面での存在意義は薄れていった。

生活からは離れた一方、近年のキャンプシーンではアクティビティのひとつとして親しまれるようになった。一時はＢＢＱ後のおまけのような存在だったが、いまや焚き火だけを目的に出かける人まで増えてきている。自分の力で火をおこし、燃やす。小さな達成感を得られることが、人気の理由らしい。

焚き火まわりの補助アイテムが充実し始め、火おこしは男の仕事という雰囲気がなくなってきたことも大きい。道具の進化により、子どもや女性でも気軽にできるようになったのだ。さらにマンガ『ゆるキャン△』が登場した影響は大きく、ここからキャンプや焚き火に興味を持った人も多い。また、ＳＮＳ映えする焚き火をかわいい子がバンバン投稿するようになった。女性が増えると、そこに男性も集まり始め、焚き火人口が増えるのは自然な流れだ。

見栄えが重視されるにつれ、今後は「魅せる焚き火台」が増えるのではないだろうか。焚き火台は夜になると暗闇に溶け込んでしまう。しかし、写真のようなものがあれば、炎をより楽しめる。今後は実用性はもちろん、ビジュアル重視の、見てよし、見せてもよしな焚き火の時代が到来するだろう。

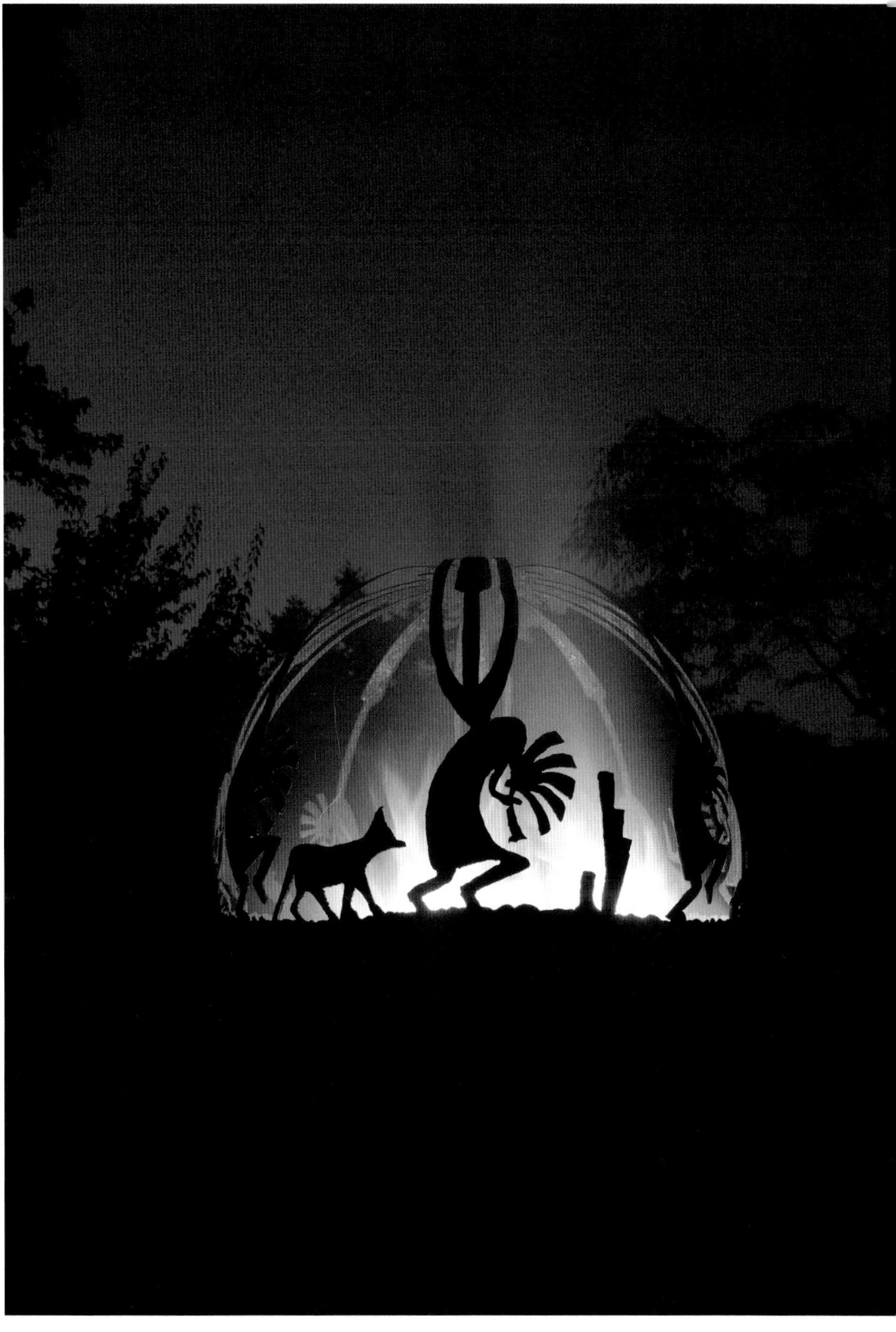

炎のゆらぎ効果はクセになる

年間100日は火を焚く私でも、ユラユラゆれる炎は飽きることなく見入ってしまう。

近年、ノルウェーの国営放送局が12時間連続で、暖炉で薪が燃える映像を流し、話題になった。ただ火が燃えているだけなのに、視聴率は20％超えを記録したそうだ。以降、動画サイトにも薪が燃えるだけのものがすごく増えている。いままで視聴率を上げるためには、子ども、動物、ラーメンの3大企画が定番だった。ここに、新たに焚き火が加わるかもしれない。早い段階で、私もYouTubeに手を出しておけばよかったと後悔している。

そんな炎のゆらぎがもたらす心地よさやリラックス効果を「1／fゆらぎ」という。身近なものだと海の波や雨音、木漏れ日、川の流れなどもこれに該当する。どれ

も規則的に動いたり留まっているなかに、予測できない不規則なゆらぎがある。その規則的なものと不規則なものが調和した状態が「1／fゆらぎ」だ。

『ゆらぎの世界』の著者である武者利光氏によると、木目や年輪を見るだけでも同様の効果があり、木目調のカフェや空間が落ち着くのもそのせいだそう。ということは、薪を見るだけでもリラックスできることになる。

また、人間自体もゆらいでいることがわかっていて、外からのゆらぎを得ると共鳴し、自立神経が整えられ、精神が安定する。焚き火の前で、言い争いや、取っ組み合いのケンカが起きないこともうなずける。

焚き火ができなくとも、自宅でロウソクの炎や焚き火アプリを観賞するだけでも気分はリフレッシュできる。仕事で疲れていたり、心が病んでいる人は、炎の前に座って健康な体や精神を取り戻してほしい。もし、炎に見入ってしまっている人がいたら、そっとしておこう。私が飽きないのは、この症状が重篤だからかもしれない。

焚き火と向き合う時間が
多いほど、人生とダブっ
て考えさせられる

焚き火との距離感は人間関係と似ている

焚き火とうまく付き合うには、一定の距離感が必要になる。焚き火は時間とともにいろいろな表情を見せてくるので、それに見合った対応をしなくてはならない。目測を誤ってしまうと、すぐにそっぽを向かれてしまう。

簡単に言うならば、火とは家族のように接してあげればいい。燃え始めはかまってやらないとすぐ消えてしまうので、赤ん坊の面倒を見るように、よくあやしてあげる。火がついても、しっかり見守ってあげないと思春期の子どものように荒れて、爆ぜることもある。出来の悪い薪がいたとしても見放さず、根気よく面倒を見続けてやれば、そのうち燃えてくれて親離れしていく。一人前になれば放っておいてもバリバリ仕事をして、一家の大黒柱として奮闘する。熾火になって熟してくると、過去を振り返りながら穏やかに燃えて最後を待つ。追い薪もしたくなるが、余生を楽しんでもらえるよう、そっとしておきたい。灰になったら、残されたものが拾い上げ、ちゃんと後始末をしてあげる。

家族との関係性と同じように、焚き火の状態を見極めてうまく付き合っていかなくてはいけない。ちょっとでも距離が離れてバランスが崩れてしまうと、関係性は修復困難になってしまう。

焚き火上手になれば、自然と洞察力も磨かれていく。火に対する配慮や気配りができるようになれば、人間関係でもめることもきっと少なくなる。

燃やせる場所と燃やせる環境は決まっている

私は焚き火ができる環境に恵まれている。本拠地としている「たき火ヴィレッジ〈いの〉」は、私有地の雑木林の中にあって近隣に民家が少ない。無秩序な市街化を防止する市街化調整区域にも指定された、超ラッキーな場所なのだ。

エリアによっては、庭や屋上などで火を燃やすことはできる。しかし、市町村ごとに条例があり、事前に消防署や市役所に確認してから燃やすのが確実だ。また、条例的には問題のないエリアであっても、消防署への届け出をしたうえで消防局員立ち会いのもと、安全性をチェックしてもらう必要がある。この条件をクリアしても、さらに毎回燃やす前に「焚き火をします」と連絡を入れなくてはいけない。連絡を怠ると、焚き火の煙を火事だと思った人が通報して消防車が出動しなければならなくなってしまう。提出書類が多く、消火器も必ず置かなくてはいけないなど、街中での焚き火はハードルが高いのが現状だ。

キャンプ場によっては、焚き火台なしでも自由に使えるファイヤーピットもある

キャンプ場なら面倒な手続きがなく、心おきなく楽しめるが、注意しないといけないこともある。焚き火台の上部に木の枝が覆いかぶさっていると、炎や熱で葉っぱが燃えたり枯れたりしてしまう。また傾斜のある場所も、台が倒れる危険性があるのでNGだ。火の粉が飛ぶこともあるので、テントと距離をとるのも大切。炎とのソーシャルディスタンスは、しっかり守らないといけない。

場所選びのチェックリスト

- [x] 焚き火が許可された場所か
- [ ] 地面は平らで安定するか
- [ ] 周りに燃え移るものがないか
- [ ] テントから適度に離れているか
- [ ] 通路や道を塞いでいないか
- [ ] 周囲に迷惑がかからないか

大きく燃やしすぎない

火床から高さ40cm以内に炎を抑えるのが理想。不思議と気の弱い人ほど炎を大きくしたがる。意味のない自己顕示はやめよう。炎をコントロールできてこそ、大人の焚き火だ。

ゴミは燃やさずに持ち帰る

持ち帰るゴミを減らしたくて燃やす気持ちはわかるが、焚き火台が傷みやすくなる。家で食材の下準備をしてくると劇的にゴミが減らせる。その地域用の袋をわざわざ買う必要もなくなる。

焚き火＋防火マットは必須セット

直火エリア以外で火を焚くなら、焚き火台＋防火マットは必須。自然を楽しむのに自然を汚していたら意味がない。一部の人がルールを破り続けた結果、このニュースタンダードが生まれた。

周囲への気配りを忘れない

楽しくなると視野が狭くなり、周りに気が使えなくなってしまいがち。気持ちはわかるが騒ぎすぎには要注意。また、キャンプ場には消灯時間がある。焚き火ができるのも消灯時間まで。

やられたくないことはやらないが基本

普段からキャンプ場のスタッフと話す機会が多い。私もいつか自身で運営するスペースを一般開放したいと考えており、ついつい参考がてら話し込んでしまう。なかでも、あるスタッフの話は衝撃すぎた。

「深夜を過ぎても騒いでいるグループがいるというので注意しに行ったら、そのなかの一人がずっと私にカメラを向けて動画を撮影しているのです。しまいには『はいはい、いま、スタッフに怒られてまーす』の実況付きでした」

このゾッとする体験談を聞いてしまうと、一般開放を踏みとどまってしまう。私がそんなことをされたら、うまく対処できずキレかねない。「倍返しだ」なんてセリフも

帰り時間を逆算して燃やす

ギリギリまで燃やすのではなく、灰になるまで燃やしきってから余裕を持ってチェックアウト時間を迎えたい。燃え残しがあると見た目が美しくないばかりか、後片付けも面倒くさくなる。

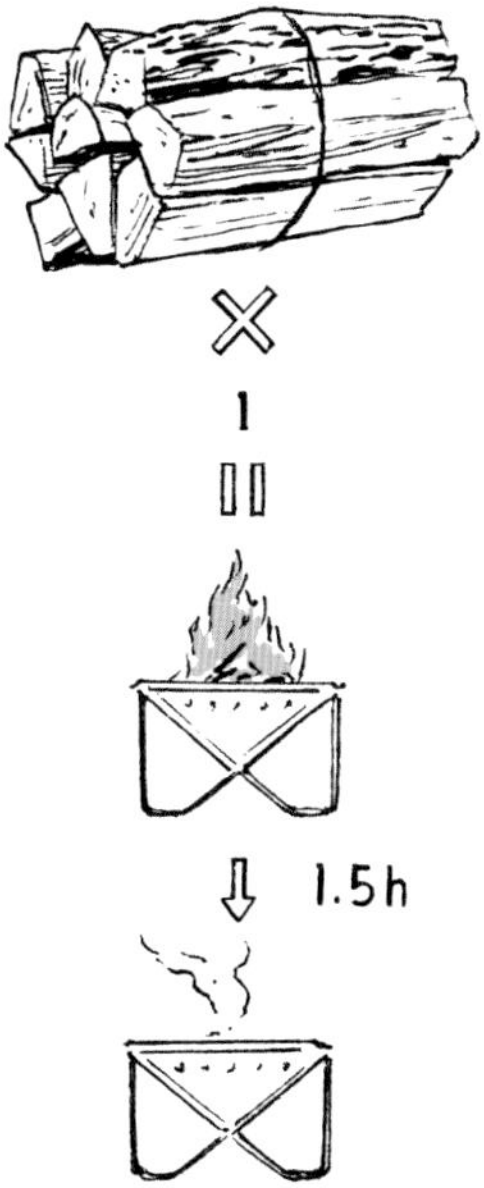

始める前に消火用の水を用意する

準備をしておけば、いざというとき何も心配がない。もし水や消火器具がなかったら、砂や土をかけて応急処置。重曹も消火作用がある。手に負えないようならすぐに119番すること。

長時間離れるなら必ず消火すること

突風が吹くと何が飛んできて、引火するかわからない。どうしても短時間離れなくてはいけないときは、消火バケツなどを焚き火台の風下や火の粉がよく飛びそうな方向に置いておく。

施設や場所ごとの規約を守る

郷に入っては郷に従え。勝手に自分ルールを作らないように。規約に納得できずスタッフに噛みつくなんてことはお門違いだ。イライラしたら炎を見つめて、リラックス、リラックス。

あるが、テレビの中だから面白いのであって、現実だとひとつも笑えない。

こういう、焚き火以前のルールやマナーがなっていない大人がいること自体、がっかりしてしまう。私自身、ルールとマナーという言葉が嫌いで、正直、こんな当たり前のことについて書くことや発言すること自体、バカげていると思う。いま読んでいるあなたも、きっと私と同じ気持ちでいるはずだ。しかし口を酸っぱくして言わないと、ルールやマナー違反が減ることもない。そういう人にこそ、この本を読んでもらいたいが、手に取ってもらえるかどうか……。「自分がやられて嫌なことは相手にもしない」という考えをベースに行動できれば、おのずとルールやマナーは守られてくる。勘違いしている人が多いのが、自然＝自由ではないこと。キャンプ場の規則は最低限のものであり、守るのはなんら難しいことではない。みんなが当たり前のことを当たり前にすれば、問題は起きようがない。

Column

—

1

焚き火が私の人生を変えた

モデル、ライター、焚き火マイスターと、私の肩書だけを見ると順風満帆の人生を歩んできたように見えるかもしれないが、そんなことはない。

じつは、若いころに新規ビジネスに手を出して借金を背負い、親子関係や友人関係がズタボロになった。ひとつの歯車が狂うと、次々と不幸の波は押し寄せる。弱い自分は現実から目を背けて、人とも会わず、細々と暮らしていた。

そんな時期に友人に誘われた山登りがきっかけで、アウトドアに興味を持つようになった。なかでも肌に合ったのが焚き火だ。遠出せずとも、登山のような達成感を得られる。なんといっても疲れない。はじめは趣味程度にしか考えていなかったが、あれよあれよという間にアウトドアブームに乗っかり、焚き火マイスターとしてテレビにも出演できてしまった。

いちばん驚いているのは私自身だ。一時は、もう人様の前に出る仕事をするとは思ってもいなかった。それが、まさか焚き火で生計を立てることになるとは。

私ほど劇的に人生は変わらないかもしれない。しかし、焚き火はきっとあなたの何かを変えてくれる。

第二章

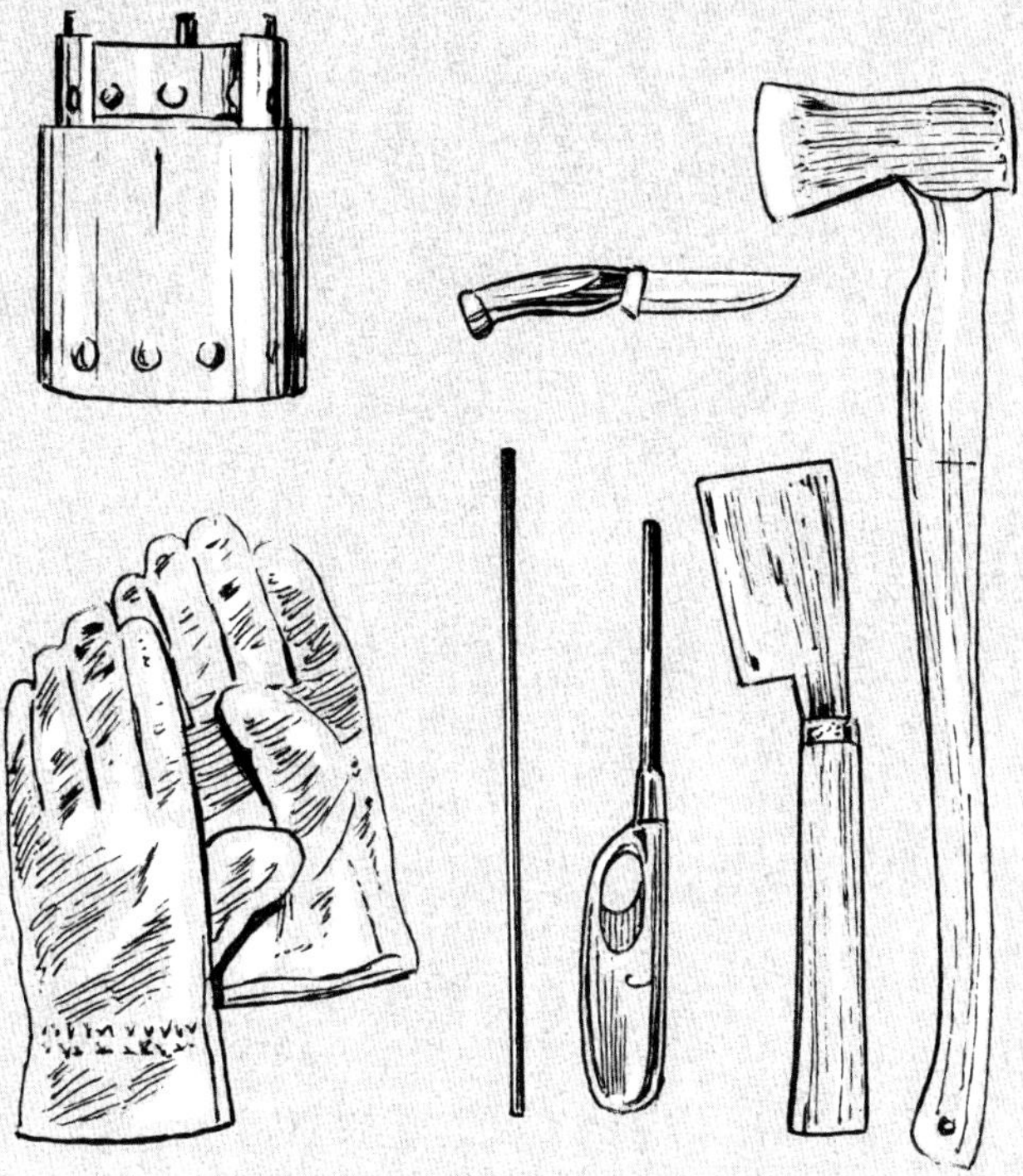

装備&準備

Chapter 02

Equipment & Preparation

焚き火のおおまかな流れ

1 装備をそろえる

2 薪を準備する

3 薪を組んで着火

4 火の面倒を見る

ストーリーを描いてやるべきことを逆算しよう

まずは準備から片付けまで、焚き火の流れをシミュレーションすることから始めてみよう。

参加メンバーと人数を決めたら、次に大事なのが場所選び。そこは直火ができるのか、できないのか。人数と場所次第で、持つべき調理道具や焚き火台の大きさが決まる。キャンプ場で薪や炭の販売をしているかも、出発までの準備が大幅に変わってくるので事前に調べておきたい要素だ。

料理も焚き火も欲張って楽しみたいならば、現場での手間や時間短縮、ゴミを減らす

5 火を使ってみる

6 火を堪能する

7 きっちりと消火

8 片付け

ためにも出発前の仕込みが重要となる。せっかく遠出をするのであれば、寄り道がてら目的地近くのスーパーや道の駅で地元の食材を仕入れて、メニューを構成してみても楽しい。

　必要な持ち物のリストを作り、チェックしながら準備を進めれば小さなポカも減る。道中のアウトドアショップのリサーチもお忘れなく。もし忘れ物があったなら、朝早くからやっているショップに救いの手を求めればいい。キャンプ場のギアレンタルもフルに活用するといいだろう。きっちり出発前にシミュレーションしておくことで、万が一、予定どおりにいかなかった場合にも対応策がイメージしやすくなる。

　準備を進め、必要な道具がそろってくるうちに、焚き火へのモチベーションが徐々に高まるはず。本書で紹介する道具は、どれもマイスターお墨付きなので間違いない。

　焚き火はキャンプ当日だけが本番でなく、準備からすでに始まっている。

何を持てば
いいのか？

道具も人もタフなことがいちばんだ

「焚き火なんて、ライターひとつあればできてしまう」と胸を張って言えるようになれば、もう立派な焚き火マイスターだ。熟達者になればライターひとつでも十分火は焚けるだろうが、そこを目指す前にまずはちゃんと道具をそろえて、確実に火おこしする方法からマスターしてほしい。

初心者は、まず道具選びの壁にぶつかるはず。ネットや雑誌のおかげで情報はたくさん入ってくるが、逆に情報が多すぎて悩んでしまうだろう。私もその一人だった。しかし、幸い周りにギア好きやアウトドアのプロが多く、真似したり、参考にさせてもらった。身近な人を参考にすることはもちろん、気になるアイテムを使っている人を見かけたら、恥ずかしがらずにガンガン声をかけて生の商品レビューを聞くこともありだ。

それが難しいようなら、道具は消耗品ということを念頭に置いて選ぼう。使う前から壊れることは考えないかもしれないが、道具はなるべく長く使えるほうがいいに決まっている。商品画像やスペックだけでもおおよそ判断できるので、購入前にじっくり見ること。ちょっとくらい高くても、タフであることがいちばんだ。あとは、シンプルで飽きがこないデザインのほうが愛着がわく。また、デニムのように経年変化を楽しめるレザーや木製アイテムもおすすめ。最低限の頼れる道具をそろえておけば、本番でアタフタすることはない。

これだけは持っておきたい道具

まず守るのは
自然環境とマナー。
必ず敷くこと

1

防火マット

ここ数年で多くのメーカーが発売し始めた。これを敷くことで芝生や下草を枯らしてしまうことを防げ、薪や火の粉が落ちても延焼しない。今後、焚き火台とセットで購入することが定着していきそうだ。大きいマットを選ぶほど環境にやさしい。

火おこしに
絶対ないと
困るもの

焚きつけ

薪を燃やす前に、最初に燃やす材料。持っていないと上級者でも火おこしは難しい。簡単に着火できるよう人工的に作られたものもあるが、スギの葉、松ぼっくりなど自然界のものでも代用できる。自分のスキルに合わせてチョイスしよう。炭の着火にも大いに役立つ。

2

3

手元から火が
遠いほど、人は
恐怖心が減る

火口の長いライター

俗に言う100円ライターを点火できない大人が増えてきているそうだ。喫煙者も減り、ライターを身近に感じなくなったのは確かだ。それに代わって頭角を現わしてきたのが火口の長いライター。簡単なカチカチ式で安全性が高く、やけどの心配もなく、確実に着火できる。

5

いまの時代
これがないと
始まらない

焚き火台

薪を燃やす金属製の台。直火禁止の場所が多く、現代の焚き火シーンではマストアイテム。折りたたんで持ち運べるタイプがメインで、200種を超えるモデルが市場に出回っている。人数や目的に合わせて選ぶ。多くはBBQを楽しむためのグリル台としても兼用できる。

薪のタイプは
針葉樹、広葉樹の
2種類

6

薪

現在は薪を燃やすことが焚き火とされている。燃えやすく火持ちしない針葉樹（スギ、ヒノキなど）、燃えにくく火持ちする広葉樹（ナラ、カシなど）と、大きく2タイプに分けられる。広葉樹のほうが焚き火には向いている。ホームセンターやキャンプ場で購入可能。

安全のために
ケチらずに
タフな手袋を

革のグローブ

4

おろそかになりがちな手袋だが、焚き火では軍手で対応できないシーンが多々ある。焚き火に関していえば、薪のささくれが指に刺さったり、熱いものを持ってやけどをしたり。革手袋ならある程度の熱にも耐え、鋭利なものから手を守ってくれる。ケチると代償は高くつくぞ。

あったらベターな道具

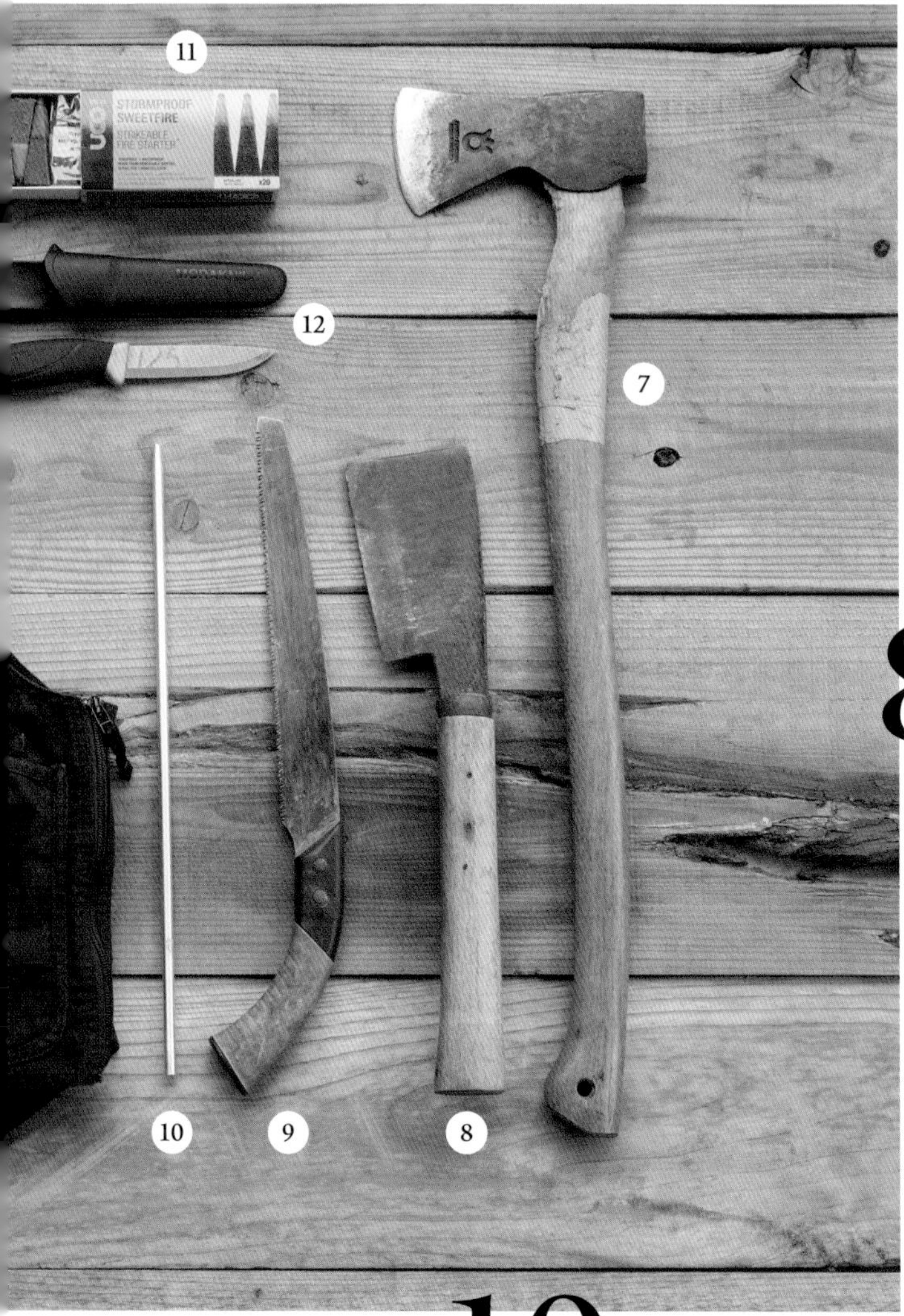

太い薪も
一振りで
割ってくれる

7

斧

薪割り専用の長い斧。大型の斧、手斧もある。木のサイズによって使い分ける。大きめの斧があると太い薪もスムーズに割れる。慣れてしまえば女性でも簡単に扱える。

日本生まれの
古き良き道具も
大活躍する

8

鉈

薪割りはもちろん、皮を剥いだり、小技が利く万能な刃物。枝打ちに特化した片刃タイプより両刃がおすすめ。価格も手頃で、持っていて損がない刃物のファーストチョイス。

枝折りで
横着せず
切り落とす

9

ノコギリ

種類が豊富なので木材を切るのに適しているものを。折りたたみ式もある。枝を力まかせに折ろうとせず、ノコギリを使えばケガ防止にもなる。台に合わせて薪も切れる。

10

燃焼に必要な
空気入れも
道具に頼る

火吹き棒

燃焼に必要不可欠な空気をピンポイントで送り込んで、火を甦えらせるサポート器具。あおぐタイプから、手動で空気を送り込むものまである。吹くタイプは間違っても吸い込まないようにすること。

刃渡りが
長いほど
使いまわせる

12 ナイフ

折りたたみタイプより、シースナイフと呼ばれる固定刃タイプのほうが使い勝手がよい。フェザースティック作りやバトニングには大活躍する。調理用としても使える。

燃えた薪は
手で触らず
これで挟む

13 炭バサミ

いわゆる、トング。燃えた薪を移動させることが多く、先端がギザギザになっているものがつかみやすい。踏んでしまうと噛み合わせが悪くなるので、丈夫なものを選ぶ。

汚れても
気にならない
色選びを

14 ポケットの多いエプロン

火の粉や汚れから服を守るだけでなく、失くしやすい細かい道具をポケットに入れておける。男性でも愛用者は増加中。キャンプシーンでひそかなブームになっている。

悪条件下でも
これさえあれば
火はつけられる

11 着火剤

薪や炭に着火するための助燃剤。固形タイプとジェル状タイプがある。燃焼時間が長く、安定しているので確実に火おこしができる。時間短縮にもなり、雨でも強風でも火がつけられる便利グッズ。

焚き火台選びはシューズ選びに似ている

私は、常に「オシャレは足元から」と意識してモノ選びをしている。これは洋服に限った話ではなく、車のタイヤや登山靴も同様だ。足まわりがしっかりしていないと、遠くにも行けず、山頂にも立てないのだ。

キャンプでいえば、焚き火台も例外ではない。ここがバシッと決まらないとなると、サイト全体のバランスがおかしくなってしまう。いくら高価なギアをそろえていようとも、ファミリーなのに小さい1人用、ソロなのに無駄に大型な焚き火台を使っていては、アンバランスだ。

正しい焚き火台を選ぶには、「目的」「使用人数」「収納サイズ」をハッキリさ

焚き火台選びのポイント

収納性と携行性

形状による特徴の違い

使用サイズ

せておく必要がある。事前に使用シーンをシミュレーションしてみると、おのずと必要な焚き火台が決まってくる。

たとえば、調理用の火口としても使うのならばオプション機能の充実したもの、観賞用に燃やすならシンプルな構造のものを選ぶ。人数が毎回不特定なら、汎用性の高い2～3人用サイズがあれば困らない。

また、なるべくコンパクトになるモデルをおすすめしたい。なかにはバックパックに入るほど小さくたためるモデルもあって、電車やバスの移動でも持ち運べる。

理想を言わせてもらうなら、汚れてもいい調理用、きれいにしておきたい観賞用と2台を使い分けてほしい。観賞用を料理用として併用してしまうと、食材の油や汚れで台が傷みやすく、掃除やメンテナンスが面倒だからだ。キャンプ場によっては直火OKの場所やレンタルが充実している場合もあるので、毎回、借りて済ますのも手軽でいいかも。

形状による特徴の違いを把握する

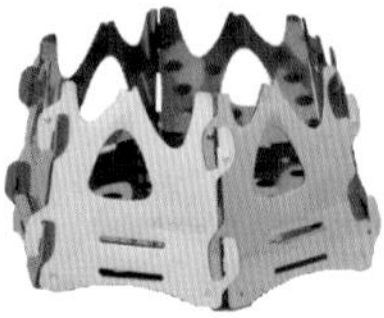

1 炎を独り占めしたいなら

小型

小型ストーブを総称してソロストーブ、ネイチャーストーブと呼ぶ。燃料は小枝や松ぼっくり、木片。どれも燃焼時間が短いので、炎が小さくなってしまう前にこまめにつぎ足しながら楽しむ。超軽量なので、1人用としてだけでなく、サブとして持っておいてもいい。

特徴
- 安価
- 手のひらサイズ
- 調理のサポート用にも

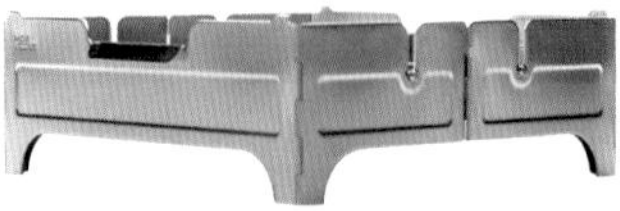

2 平らなほど薪が組みやすい

フラット型

火床がフラットなので薪を組みやすい。さまざまな組み方のバリエーションを試すことができる。スキレットやケトルを置いても斜めにならないので、直火調理にも適している。調理道具は焚き火台に直置きし、薪や熾火で周りを囲ってあげると、火力が安定しやすい。

特徴
- 薪をくべやすい
- 調理がしやすい
- 炎の細部まで見渡せる

3 昔ながらの焚き火スタイル

バケツ型

薪を寝かせたり、立てかけるのではなく、縦に入れて使う。一見、燃焼効率が悪そうだが、本体の底やサイドに穴があいており、空気の流れが確保されていてよく燃える。松明やかがり火も薪を縦に燃やして照明として使われていた。どこか懐かしいスタイルだ。

特徴
- 燃焼効率がよい
- 自作できる
- 懐かしさを味わえる

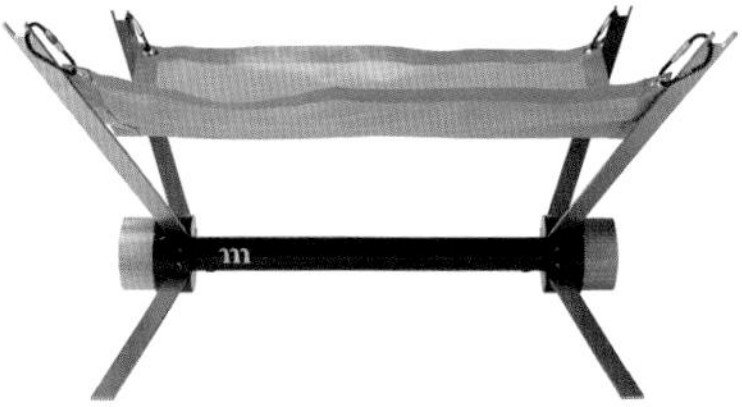

4 薪がキレイに燃えてくれる

メッシュ型

特殊なメッシュを底面に採用したタイプ。火床がふにゃふにゃなので薪を組むのに慣れが必要だが、酸素を取り込みやすいため燃焼効率は抜群。放っておいてもよく燃える。耐久性の懸念もあるが、安物でないかぎり、そう簡単には破けない。コンパクトになるのも特徴。

特徴
- コンパクト収納
- 燃焼効率が高い
- 燃え残りが少ない

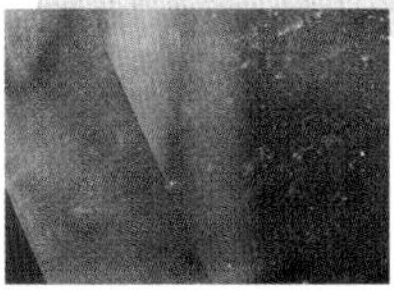

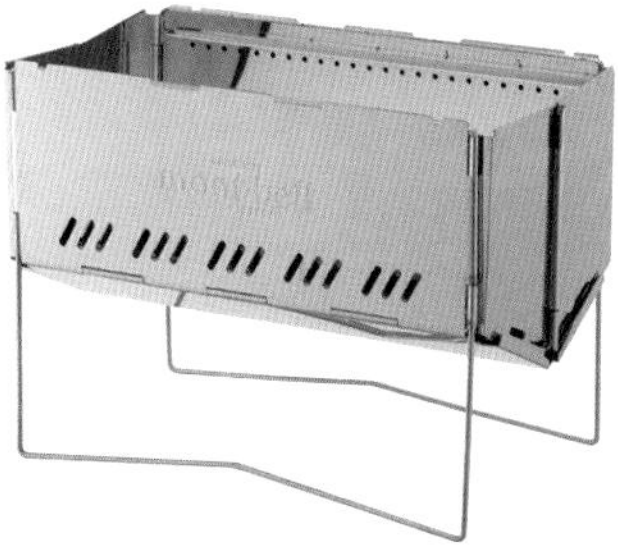

5 薪をとことん燃やす

二次燃焼型

薪は熱せられると可燃ガスを発生しながら燃えるのだが、燃えきらなかったガスは煙になる。その煙に、熱せられた空気を送り込むことで再燃焼させる特殊な仕組みを持つタイプ。不完全燃焼を防ぎつつ、高火力状態をキープするので、煙の少ない焚き火が楽しめる。

特徴
- 燃焼をサポート
- 暖をとるのに最適
- 早く燃えすぎる

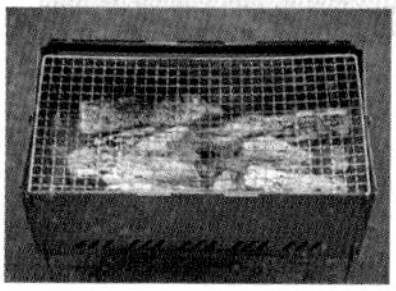

6 この形が焚き火台の原型

逆四角錐型

安定した燃焼効率と、薪をくべやすいことがポイント。逆ピラミッド型とも呼ばれている。焚き火台の元祖「スノーピーク」はこの形で、いまでも同型のモデルは多い。グリル台としても使い勝手がよく、ダッチオーブンを置いても耐荷重が高いのでビクともしない。

特徴
- タフ
- 薪をくべやすい
- 調理にも使える

7 シンプルイズベスト

サラダボウル型

シンプルで飽きがこないデザイン。設営が簡単で、脚を広げるだけのものが多い。薪もくべやすく、脚を持って残った灰をガバっと捨てられる。この形ができたきっかけは、使われなくなったカーブミラーを分解し、ひっくり返したことがヒントになって生まれた説もある。

特徴
- 飽きがこない
- 薪が組みやすい
- 炎が美しく上がる

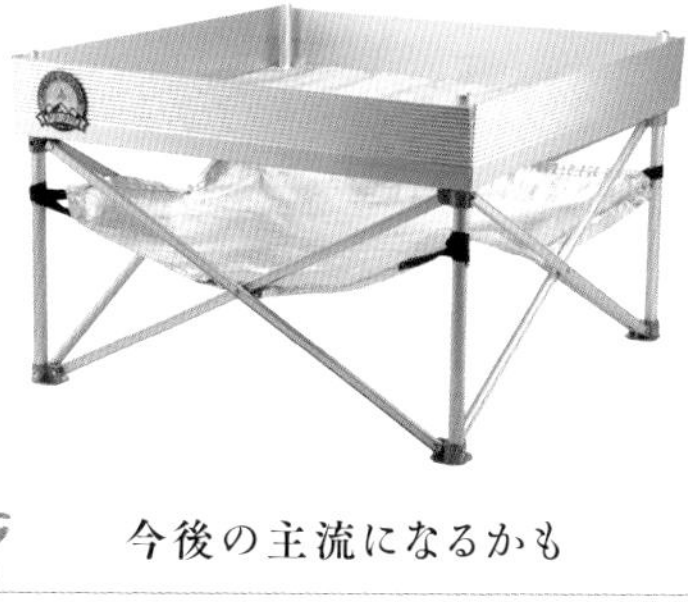

8 今後の主流になるかも

特大フラット型

近年のキャンプシーンは、ソロスタイルが人気。道具も小型・軽量化が主流になっているが、焚き火台は大人数に対応できて、薪がくべやすい特大サイズもおすすめ。火床が広いと、火を楽しみつつ、調理もできるのが大きな強み。今後の焚き火台は大型化が進むかも。

特徴
- ゆったり楽しめる
- 調理と同時進行できる
- 薪をくべやすい

焚き火台のモデル別早見表

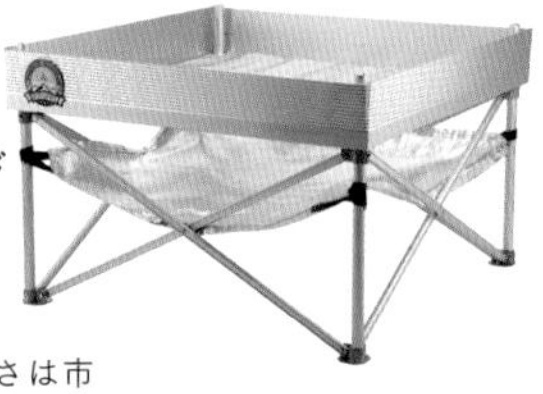

ファイヤーサイド アウトドア
ポップアップピット

縦横62cmの広さは市販モデルのなかでもトップクラス。折りたたんで専用ショルダーバッグで持ち運べる。

キャプテンスタッグ
ラウンドファイアピット

脚をワンタッチで広げるだけ。直径は50cm以上あり、薪が組みやすい。下網を敷くと空気が通りやすくなる。

SOTO
エアスタベース&ウイングL

人数に合わせた大きさのウイング（別売）を選び、組み上げるタイプ。中央の筒下から空気を取り込み、燃焼を補助する仕組み。

キャプテンスタッグ
ラウンドファイアベース

鉄を焼付塗装したタフな仕上がり。脚はねじ込み式で設営の手間がない。五徳も付いており、ケトルも置ける。

設営の手軽さ

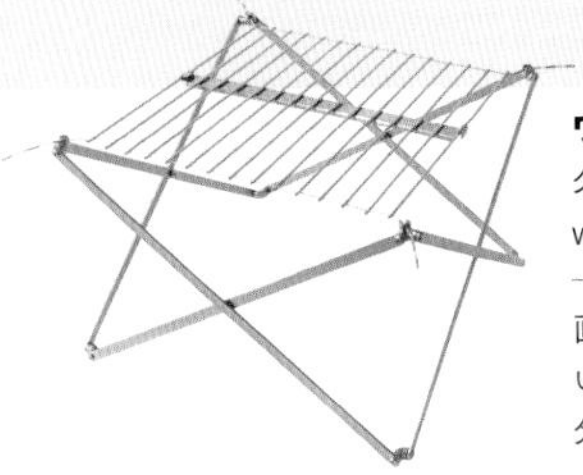

ウルフ&グリズリー
グリル M1 エディション with ファイヤーセット

直火の上にそのまま置いて調理でき、網の部分を火床にもできるワイルドさ。収納時は1ℓのボトルサイズに。

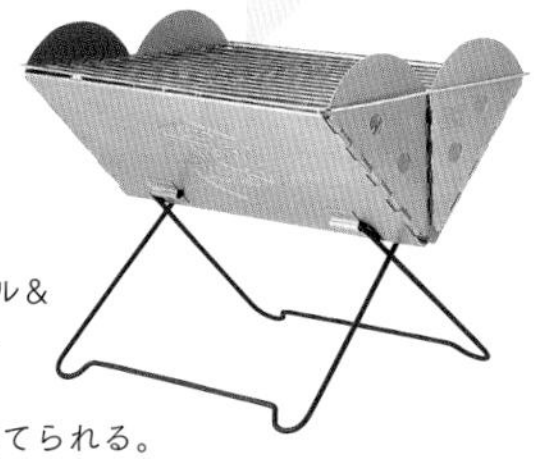

UCO
フラットパック ポータブルグリル&ファイヤーピット

30秒で組み立てられる。折りたたむと厚さは3.5cmになり、トートバッグにすっぽり。焼き網を付ければ調理にも。

こんな変わり種も

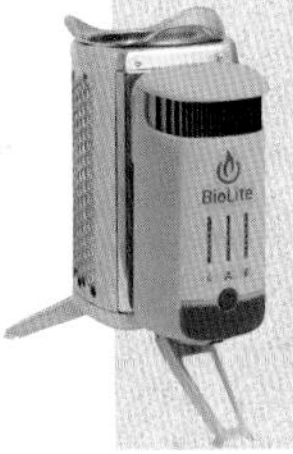

バイオライト
キャンプストーブ2

焚き火の熱を電気に変換し、ファンを回す優れ物。電気も蓄電でき、携帯充電もできるので災害時にも役立つ。

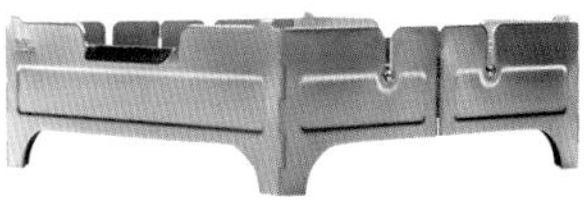

ウルフ&グリズリー
ファイヤーセーフ

ロースタイルなので直火感覚を楽しめる。単体で使うこともできるが、同メーカーのグリル「M1」と組み合わせても◎。

グループ向き

モンベル
フォールディング
ファイヤーピット

薪の燃焼を助ける独自の二重・深型構造を採用。メンテナンスが容易なステンレス製なので、BBQにもどうぞ。

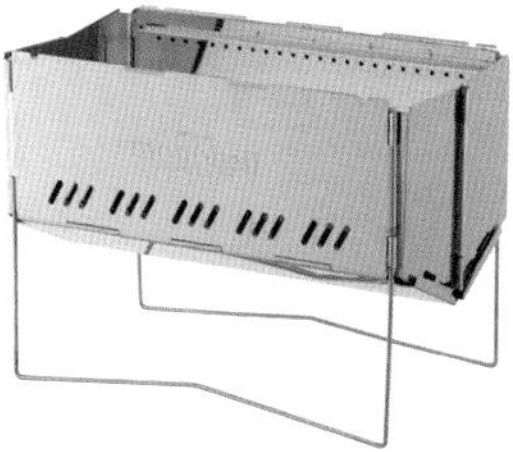

muraco
サテライト
ファイヤーベース

説明書不要で組み立てられる簡単構造。きゃしゃに見えるが、ガンガン太い薪を組んでも不安定になることなし。

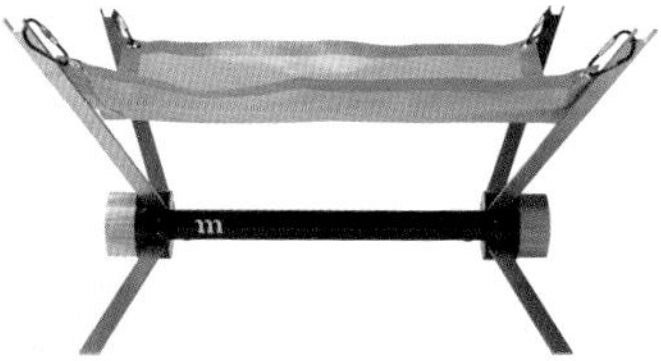

キャプテンスタッグ
ヘキサ ステンレス
カマドグリル

錆びにくいステンレス製で軽量・コンパクトに収納可能。本体の側面に薪や炭を入れるためのつぎ足し口がある。

収納性 携行性

A&F
サバイバルストーブ

本体の底にある小型モーターが空気を送り込んで燃焼をサポートしてくれる。ネイチャーストーブの入門用に。

尾上製作所
CAMBi

かがり火をイメージ。シンプルな造りながら煙突効果でよく燃える。チェアに合わせて高さを調製できる。

SOTO
ミニ焚き火台ヘキサ

6枚のパーツを組み合わせる手のひらサイズのモデル。お湯を沸かしたり、焼き網を敷けば食材も十分焼ける。

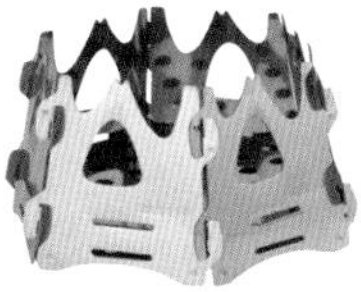

ソロ向き

薪が変われば燃え方もにおいも変わる

薪は1束1000円近くもする。なにも気にせず燃やしてしまいがちだが、冷静に考えてみるとなんとも贅沢な話だ。けちくさく計算しながら火にくべる必要はないが、薪の種類ごとの特性やウンチクを頭に入れておくと、より有意義に燃やすことができる。

まず、薪は大きく針葉樹と広葉樹に分けることができる。針葉樹の代表格は、スギ・ヒノキなど。特徴は、油分が多く燃えやすいが火持ちがしないこと。広葉樹はナラ・クヌギなどで、硬くて燃えにくいが火力が強く火持ちがする。

火の回りが早い針葉樹を焚きつけに使い、炎が安定してきたら広葉樹の薪をくべるのが賢い。たいていはどちらかの種類だけになってしまうが、火持ちがしにくい針葉樹は太いまま燃やし、燃えにくい広葉樹は細く割って使うことで、それぞれのデメリットを補うこともできる。

また、煙にも違いがある。燻製チップにも使われるサクラやリンゴ、ヒノキは香りがよく、ずっと嗅いでいたいほど。薪が爆ぜるパチパチ音を楽しみたいなら、爆ぜやすい針葉樹や濡れている薪をくべてみよう。

薪といえども種類はごまんとある

1 三拍子そろった代表格

楢(ナラ)

広葉樹。燃焼性、流通量、コスパの三拍子がそろい、文句なし。安定した火力も保証してくれる。暖炉やピザ店でも使われている。

燃えやすさ	★★★★☆
火持ちの良さ	★★★★☆
入手難度	★☆☆☆☆
価格	★★☆☆☆

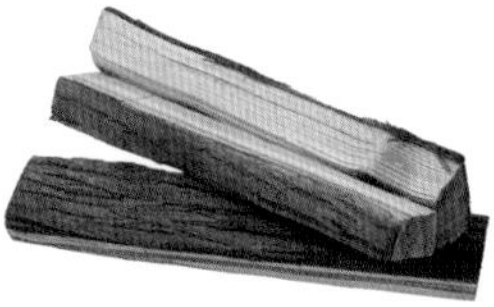

2 花粉症の天敵だけどいい友

杉(スギ)

針葉樹。燃えやすく、焚きつけには欠かせない。材質は軟らかく軽いので、薪割りに適している。皮を剥ぎやすいのも特徴。

燃えやすさ	★★★★★
火持ちの良さ	★★☆☆☆
入手難度	★☆☆☆☆
価格	★☆☆☆☆

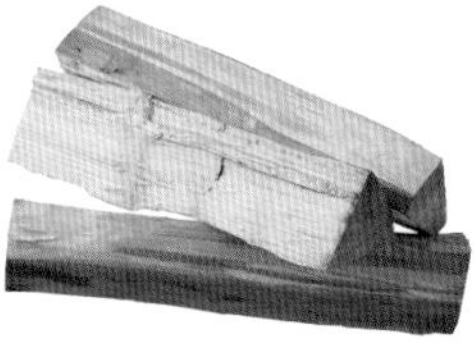

3 別名“火の木”ともいわれる

檜(ヒノキ)

針葉樹。別名どおりの高いパフォーマンスをしてくれる。檜風呂同様、香りがよく、煙も高級感があり、まったく気にならない。

燃えやすさ	★★★★★
火持ちの良さ	★★★☆☆
入手難度	★★☆☆☆
価格	★★☆☆☆

4 薪のキングとして君臨する

樫(カシ)

広葉樹。薪として使われる樹種のなかでは気乾比重が高く、火持ち・火力が抜群にいい。漢字に“堅”が入るとおり、非常に硬い。

燃えやすさ	★★☆☆☆
火持ちの良さ	★★★★★
入手難度	★★☆☆☆
価格	★★★☆☆

5 爆竹にならないようカット

竹(タケ)

遠い昔、竹筒をくべて爆ぜさせるとんでもない遊びがあった。これをやってしまうとひんしゅくを買うので、必ず縦に割ること。

燃えやすさ	★★★★★
火持ちの良さ	★☆☆☆☆
入手難度	★☆☆☆☆
価格	★☆☆☆☆

6 日本ではまだ馴染みがない

バイオマス薪

ラバーウッドを一度粉砕し、固めたブリケット材。火持ちがよく、手で割れるので時間計算しやすい。今後、注目のハイブリッド薪。

燃えやすさ	★★★☆☆
火持ちの良さ	★★★☆☆
入手難度	★★★★☆
価格	★☆☆☆☆

7 観てよし、香りよし

梅（ウメ）

広葉樹。香りもよく、火の粉も少ない。この木はいろいろな恵みを与えてくれる。幹はうねりが多く、薪割りには向いていない。

燃えやすさ	★★★☆☆
火持ちの良さ	★★★☆☆
入手難度	★★★☆☆
価格	★★★☆☆

8 近年の注目株

櫟（クヌギ）

広葉樹。乾燥期間が短くても比較的よく燃えるため、近年は樫の対抗馬として人気も高い。樹液は燃えない。

燃えやすさ	★★★☆☆
火持ちの良さ	★★★★★
入手難度	★★★☆☆
価格	★★★☆☆

9 見かけたらゲットしよう

ニセアカシア

広葉樹。市場にはあまり出まわらず、希少価値がある。気乾比重も高いので火持ちする。マメ科に属して、香ばしいにおいがする。

燃えやすさ	★★★★☆
火持ちの良さ	★★★★★
入手難度	★★★★☆
価格	★★★★☆

10 見た目にダマされるな

柿（カキ）

広葉樹。堅く締まることでよく燃え、火の粉も少ない。木肌はなめらかに見えるが、ねじれながら成長していくので薪割りは大変。

燃えやすさ	★★★☆☆
火持ちの良さ	★★★☆☆
入手難度	★★★☆☆
価格	★★★☆☆

11 火の粉が飛ばず安全

オガライト

おがくず（木屑）を固めて作った棒状の木質系固形燃料。初心者でも扱いやすいが、水に非常に弱いので、きちんと保管すること。

燃えやすさ	★★★★☆
火持ちの良さ	★★★★☆
入手難度	★☆☆☆☆
価格	★☆☆☆☆

12 ポテチみたいな薪

ウッドスライス

焚きつけにも使えるが、薪としても便利。放り込むと一枚一枚がかわいく燃えていく。みんなに渡しておけば、遊び感覚で楽しめる。

燃えやすさ	★★★★★
火持ちの良さ	★☆☆☆☆
入手難度	★★★★★
価格	★☆☆☆☆

薪にこだわるなら炭にもこだわっていいのでは

BBQシーズンのホームセンターには、大量の炭が並んでいる。貧乏性の私はどうしても格安の炭を選んでしまっていた。なにを使おうが大して変わらないと、ずっと思い込んでいた。

しかし、あるときアウトドアコーディネーターの小雀陣二さんの撮影に立ち会う機会があった。後片付けをしていたら、おもむろに小雀さんが炭に水をかけているではないか。「私が捨てておきます」と言うと、持って帰って乾かしてまた使うとの返答。

そのときの私は炭に対して無知だったので、「また使うなんてケチくさい。そもそも、もう一度火がつくのかな？」と心の中で思ってしまった。詳しく聞いてみると、「いい炭は何度も使える」のだそうだ。

日本の炭は、大きく白炭と黒炭の2種類に分けられる。白炭は高級で、叩き合わせるとキンキンと高貴な音がする。代表的なのが備長炭だ。火力・火持ちはよいが火つきが悪いので、あまりアウトドアシーンでは使われない。見栄を張って買っても、火をつけられなかったらバツが悪い。

もうひとつは黒炭だ。火つきがよく、一度着火してしまうと立ち消えることもない。足し炭してからの着火もスムーズにいく。小雀さんが使っていたのは、黒炭の代表格・岩手切炭だった。

どちらも湿気に弱く、水分を吸ったものを火にくべてしまうと、猛烈に爆ぜる。薪とは比べ物にならないぐらい飛び散るので、少しでも濡れたら乾かすのが鉄則。また、箱に入っているビニール袋は、いくらじゃまでも捨ててしまわず、しっかり保管に使おう。

これ以外には、ランクが下がる外国産のマングローブ炭、おがくずを固めて作ったオガ炭などがある。アメリカンBBQ用の炭として定番の豆炭も、最近では着火や火持ちがよく、使う人が増えてきた。

薪と同様に、炭にも種類と個性があるので、使い分けてみると面白い。

代表的な炭は3種類

BBQのために作られた

豆炭

BBQ文化が発達しているアメリカでは、炭といえば端材を使ったこのチャコールブリケット。着火速度を上げるために表面を削り、空気の通り道を作っている。均一サイズなので温度が安定し、調理に使いやすい。火持ちとコスパもいい。

クズなりに頑張る

木炭

「マングローブ炭」として売られているが、実際はそのエリアに生育する樹木をまとめて炭にしたものを指す。サイズも大小バラバラで「クズ炭」とも呼ばれている。細かいものは着火しやすいが火持ちしないので、焚きつけとして使おう。

バランスで選ぶなら

黒炭

通称「切炭」。火持ちは白炭（備長炭など）よりは劣るが、普段使いはこれがあれば十分だ。主にナラやクヌギ、カシが用いられているので、着火には少々コツがいる。広葉樹の薪と同じように扱うとよい。また白炭より爆ぜる心配がない。

	豆炭	マングローブ炭	切炭
メリット	● 安価 ● 着火が簡単 ● つぎ足しに便利	● 安価 ● 手に入れやすい ● よく燃える	● 燃焼時間が長い ● 火力が安定しやすい ● 嫌なにおいがしない
デメリット	● 煙が多い ● 独特のにおいがする ● 直火より煮込み向き	● 燃焼時間が短い ● 大きさが不ぞろい ● 炎と煙が立ちやすい	● 着火しづらい ● 手に入りづらい ● 比較的高価

着火はなるべく簡単にスマートに済ませたい

昔の人は、火打石のような手間も時間もかかる作業を毎日繰り返していた。考えただけでもゾッとする。着火道具を選べる時代に生まれて心底よかった。

文明がもたらした道具の進化はすごい。いまやガスやマグネシウム、塩素酸カリウムなど、原材料もさまざま。

着火の難しさや大切さを教えてくれるブッシュクラフト的なスタイルが人気を集めているが、個人的にはなるべく簡単に着火したいのが本音。火つけはスマートかつスムーズに済ませたい。

1

着火が苦手な
人にもおすすめ

草焼きバーナー

手元で着火することが苦手な人にはこれ。本来は雑草駆除に使われる道具だが、ノズルが長く、立ったままでも楽々燃やせる。

2

雨に濡れても
燃え続ける

防水耐風マッチ

雨に濡れても、風に吹かれてもビクともせず、確実に着火できる。強力な火力のうえに燃焼時間も長く、25秒も燃え続けるものも。

5
明治生まれの
定番着火道具

マッチ

いまではすっかり見かけなくなってしまったが、着火道具の大定番。発火したときのにおいはどこか懐かしく、いまだ愛用者も多い。

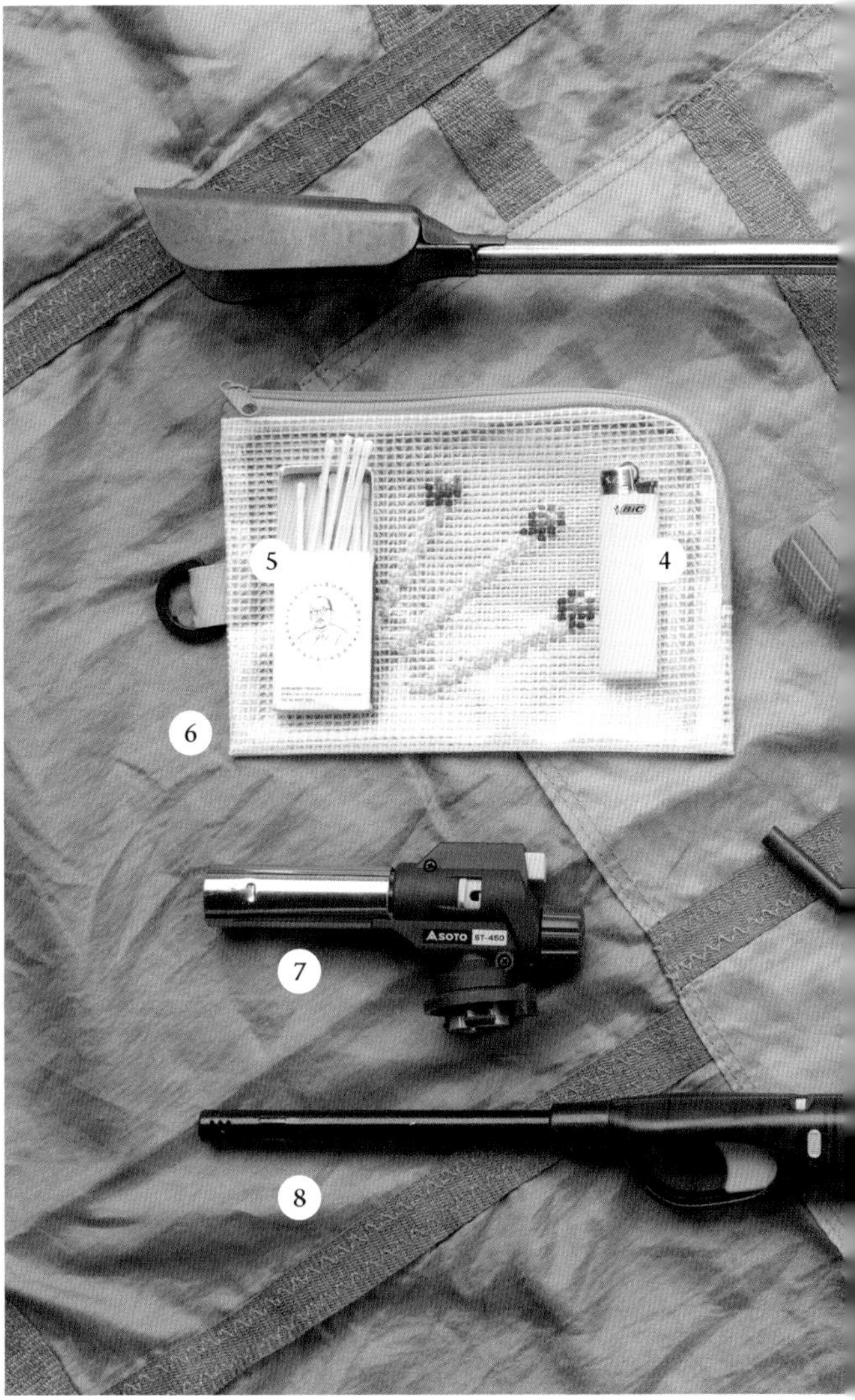

6
まとめて収納
まとめて保管

収納ケース

小物類は失くしやすいのでケースにまとめておこう。湿気やカビからも守ってくれる。マッチやライターの予備は必ず用意したい。

7
つきづらいときの
ファイナルウェポン

ガストーチ

ガス缶を取り付けて使う。強力な炎が出るので、一気に焚きつけを燃やせる。扱いは意外に簡単。火がつきづらいときの最終兵器だ。

8
アウトドアでは
ライター以上に頼もしい

チャッカマン

着火口と引き金の間が長くとってあり、危険性が少ない設計なので使いやすい。ガス缶から燃料が再充填できるものもあって経済的。

4
買うなら
フリント式（回転式）を

100円ライター

電子式は気圧や寒さに弱いので、回転式がおすすめ。ガス残量が見えないものだと、いざというときガス欠になりかねないので注意。

3
ガリッと擦って
火花を飛ばす

ファイヤースターター

マグネシウムの芯をマッチのようにこすって火花を飛ばす道具。火種の上にあらかじめマグネシウムを削り落としておくとスムーズ。

刃物の種類は薪の特性に合わせて使い分ける

昭和生まれの私は、危険な香りがするものほどカッコいいと思ってしまう。刃物はその代表格。ホームセンターで物色しているとなんだか緊張してしまう道具だ。

フィールドでは、必要不可欠な存在としておおいに力を発揮してくれる。ナイフ1本あれば刃物は何種類も必要ないと思うかもしれないが、包丁と同じように使い分けられると、作業がスムーズになる。

木の種類によって、ナイフで割れる薪もあれば、大型の斧でも苦戦するような薪もある。備えあれば憂いなし。大小ひと通りの刃物をそろえ、シーンに合わせて自在に扱えるようになっておきたい。

注意してほしいのが、不法所持だ。刃渡りが6㎝を超えると、正当な理由がないかぎり、所持することは違法となる。キャンプに行く前後のみ携帯するようにしよう。

柄の曲線美と
重厚感ある刃は
惚れ惚れする

1 大型の斧

太めの薪割り用。刃の鋭利さと重さで針葉樹の丸太も割れる。柄を長く持つほど力は伝わるが、刃と目が離れるので距離感はつかみにくくなる。

これぞ日本の
伝統技術の賜物。
1本持っておけ

2 鉈

枝や細い幹を刈るための片刃、薪を割る両刃の2種類がある。見た目はいまいちだが、使い始めると手放せなくなり、ヘビロテしてしまう実用派。

小ぶりながらも
きっちり仕事をする
ニクいやつ

3 手斧

焚きつけ用の細い薪を作るのに最適。大型タイプになかなか手が出せないならば、このサイズを1本持っておくといい。持ち運びも楽。

細かい作業は
コイツにまかせて
準備を整える

4 ナイフ

野外活動では基本のギア。皮を剥ぐ、フェザースティック作り、バトニングにとマルチに活躍する。折りたたみ式より固定刃タイプがおすすめ。

破壊力はないが
なにかと役立つ
焚き火の相棒

5 ノコギリ

削ったり割ったりはできないが、切る作業が得意なノコギリはなにかと重宝する。焚き火台に合わせて、薪の長さ調整などもお手のものだ。

1
5
2
3
BUCK
USA
4

割った薪からほのかに
香る木のにおいが、気
持ちを落ち着かせる

雑音が消え、聴こえる
音は鳥のさえずりと薪
が割れる音のみ

多すぎず
少なすぎないよう
量を計算する

燃やしたい時間から逆算して量を決める

約1.5時間で大きい薪1束をくべ終わる。そこから熾火になって灰になるまで、さらに1〜2時間はかかる。チェックアウトが11時だとすると、8時にはくべ終わっていないと撤収時間に間に合わなくなる計算だ。全体の量が多いと、鎮火するまでにはもっと時間がかかるので要注意。

1束＝約1.5時間分

たとえば
6時間燃やしたいなら…

⇓

4束必要

太さは大中小と3種を意識してそろえる

基本は大中小の薪と枝を用意する。薪は細いほど着火しやすいが燃え尽きやすい。小・中は焚きつけ用、大は本番用となる。小枝は拾えばいいが、見当たらない場合は薪を細かく割るか割り箸でも代用可。中はお菓子のうまい棒サイズが適当。焚きつけ用の薪も売られている。

大

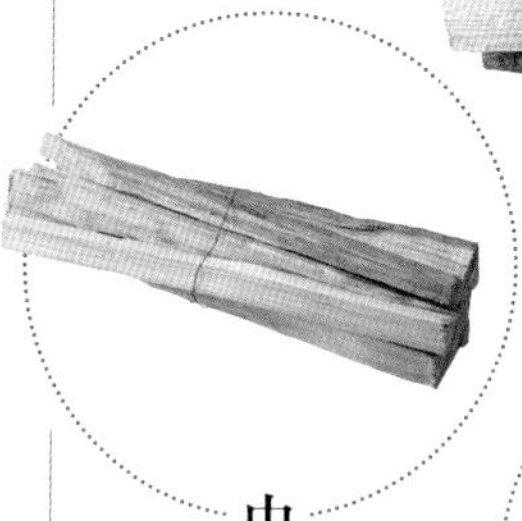

中

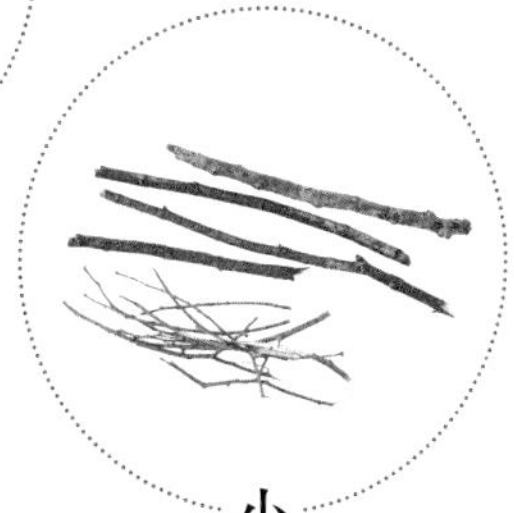

小

薪1束で、どれだけ焚き火を燃やし続けることができるか、ご存じだろうか。

以前、イベントで24時間火を絶やさずに燃やし続けてみたところ、広葉樹を17束前後使った。つまり、薪の太さと種類にもよるが、答えは広葉樹の薪1束で約1時間半。針葉樹の薪では、さらに2〜3割ほど燃焼速度が速くなる。

このボリューム感がわかっていれば、燃やしたい時間から必要な薪の量が計算できる。熟練キャンパーが、多すぎず少なすぎず、無駄のない量の薪を用意できるのは、この計算式を肌感覚で理解しているからにほかならない。

薪は残ったからといって、持ち帰るのも荷物になるだけ。保管方法も意外と難しく、カビが生えたり、虫がわくこともある。

盛り上がってきたころに薪が足りなくなり、渋々宴がお開きになってしまうことのないよう、ぜひ覚えておきたい。

3種の薪割りで3種の刃物を使いこなせ

薪割りはアクティビティとしても楽しむことができる。焚き火のワークショップを開催すると、メインの火起こしはそっちのけで、延々と薪割りばかり続ける参加者もいるほどだ。

たしかに「カコーン」と割れたときの爽快感はクセになる。日頃のストレスを発散するのにももってこいだ。とくに女性がハマりやすいようだ。ちょっとしたコツを教えるだけで、子どもだってチャレンジできる。

薪を割るには、まずは土台となる丸太を用意する。通販サイトでも入手でき、テーブルやランタン置きとしても使えるので、1つ持っていて損はないだろう。コンクリートや石の上での薪割りは危険なのでNGだ。

太い薪を作る

1

足を肩幅に広げ、狙いを定める。
柄を握るときは利き手を上に。

2

頭上までまっすぐ持ち上げる。
薪から目をそらさない。

3

振り抜くのではなく丸太に
叩きつけるイメージで振り下ろす。

薪割りに使う刃物は長い斧、手斧・鉈、ナイフの3種で、それぞれ役割が異なる。長い斧で太い薪を割り、さらに手斧や鉈で細く割って、ナイフでさらに細く割る。正直、長い斧があればすべての作業が賄えるが、あえて道具を変えてみるのも楽しみ方のひとつだろう。

「竹は穂先、木は根元から」という言葉があるように、薪は根元側から割るのが正しい。見極めは難しいが、木目の幅で見分けることができる。薪の両端の断面を見比べてみて、木目の間隔が狭い方が木の先端側。つまり、間隔が広い方を上にして割るのが正解だ。

何度か叩いても割れない手強い薪の場合は、あえて逆面からも叩いてみよう。一発で割るというよりは、コツコツと薪にダメージを与えながらジワジワ繊維を破壊するようなイメージを持つといい。

正しい薪の割り方はまだまだ浸透しておらず、危険だと思い込んでいる人も少なくない。刃物の正しい扱い方と木の特性さえ理解して行えば、なんら問題はない。

4

薪に当たる瞬間にヒザも一緒に曲げることで斧に力が伝わる。

5

キレイに割れたときほど、手に感触がまったく残らない。

足を前後に開くととても危険

前後に足を開いた体勢では、足を切ってしまう可能性が非常に高い。慣れていないと振り抜いて空振りしてしまい、大ケガの原因になり得る。足は肩幅を目安に左右に開いて行なおう。

中くらいの薪を作る

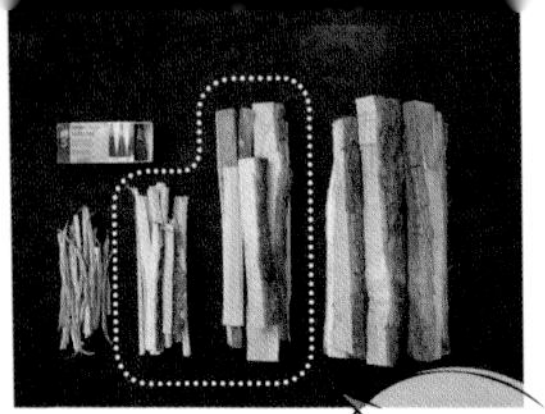

手斧と鉈で
これとこれを
作ります

1 刃全体を断面に合わせる。たとえ薪が自立しても手を添えること。グリップが効く手袋かレザーグローブで手を守る。

2 刃を合わせたまま薪を持ち上げて、丸太にコンコンと打ちつける。長い斧のように一発で仕留めるのはとても危険。

5 慣れるまでは絶対に両手で。構え方や割り方は長い斧と一緒。座ったままやってしまいがちだが、安全面はしっかりと。

6 節があると手斧や鉈では力が弱くて割れない。無理して何度もチャレンジするより、諦めて、節がないものを選ぼう。

4 斜めに入れてしまうと、打ちつけたときに薪が前方に飛んでしまう。鉈の力の向きが薪に対して平行でないといけない。

3 刃が食い込んで片手で薪を持ち上げられるまで叩いておく。うまくいかないときはハンマーや薪で鉈の背を叩いてもいい。

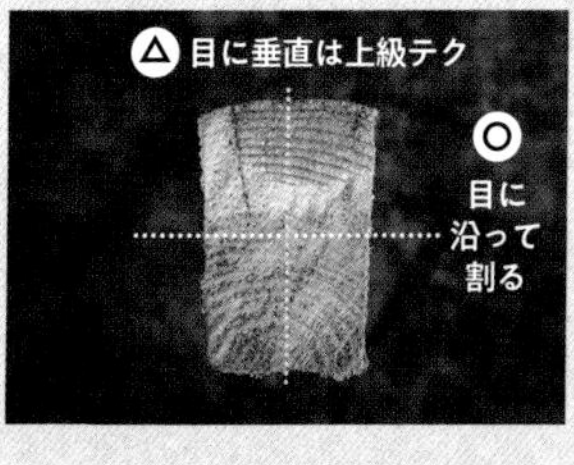

木目の向きに逆らわずに割ること

丸太割りはケーキを切り分けるようなイメージがあるが、木目に逆らって割るのは力と経験が必要なテク。基本は木目に沿って割る。

7 スギやヒノキの根元部分は節が少なく、真下に振り下ろせばパカーンと割れる。豪快に割ろうとせず、コツコツと。

細かい薪を作る

1 固定刃と薪を使って割る方法がバトニングだ。折りたたみナイフは耐久性がなく不向き。

2 刃の根元を薪にあてる。先端部分だと安定感が悪く、刃幅が細いのでグラグラしてしまう。

3 足を開かず、そろえて閉じて斜めに座る。手元が狂って内腿の静脈を切らないためだ。

4 食い込むまでは根元部分の背を叩いていく。年輪の線に合わせてカットしてもよい。

5 根元の背が叩けなくなったら、先端を叩く。持ち手も叩き手も垂直に下に力を入れていく。

より簡単に薪が割れる道具がある

通称
キンクラ

少女の愛が生み出したアイデア商品

毎日、薪割りをする母のケガを心配した娘が、13歳のときに発明したキンドリングクラッカー。通称、キンクラ。本体を丸太に固定し、安全リングの中に通して軽くハンマーで叩くだけ。飛び散る心配もなく、子どもでも簡単に割れるので、遊び感覚で楽しめてしまう。

服選びまで気を抜かないのが上級者だ

ついアウトドア用のウェアを選びたくなるが、機能性を重視したアウトドアウェアは火の粉に弱い素材のものが多く、なんとも頼りない。化学繊維素材より天然素材のコットンやウール、デニム、レザーのウェアが焚き火との相性がいい。近年は難燃繊維のウェアも登場しているのでチェックしてみよう。

いまだに「焚き火用ファッション」というジャンルははっきりとは確立されていないので、自分自身の気分が上がるコーディネートを身につけるのがいちばんだ。多少焚き火臭が付いてしまっても、勲章として受けとめてほしい。

夏 Summer

Point
帽子は必須アイテム
Point
夏でも長袖が基本
Point
足元はブーツがベター

暑さには逆らわない

暑くても日焼けや虫刺されから肌を守る長袖が基本。帽子も忘れずにかぶること。足元がぬかるむ日が多い季節には、防水性の高いブーツがあるといい。サイドゴアタイプなら着脱も楽で、テントの出入りもスムーズ。不快指数が高い時期なので、白を取り入れて清涼感を出そう。「汚れたら洗えばいいじゃん」くらいの広い気持ちで。

冬 Winter

Point
ダウンも洗える
化繊を
チョイス

Point
ベスト型の
エプロンが
便利

Point
じつは
ソックス
＋
サンダルが
暖かい

寒さ対策はしっかり

じつは、この時期の足元は寒さを防ぐより、焚き火の熱を感じたほうが温まる。なので、あえてサンダル＋ソックスの組み合わせをチョイス。背中側はどうしても冷えてしまうので、やはり厚手のジャケットが欠かせない。下半身は裏起毛のパンツをはいて完全防備。まずはしっかりと保温をして、寒さを乗りきろう。

秋 Fall

Point
洗いやすい
化繊素材

Point
デニムは通年
焚き火向き

Point
雨の日以外は
スニーカー

パンツの基本はデニム

タフなデニムは、どんなスタイルにも相性がいい万能アイテム。ストレッチが効いたタイプを選べば、火の前でもストレスなく動ける。全身をアウトドア仕様にせず、普段使いしているものをスタイリングに取り入れてみるのもポイント。洗いやすい素材のものを選べば、セーターを着たっていいのだ。

Column
—
2

焚き火による教育「火育」

教育の一環として、子どもたちに向けた焚き火体験イベントが増えてきている。現代の生活では、なかなか子どもが火に触れる機会は少ない。しかし、焚き火を通して、火のありがたみや怖さを知ることは大切ではないだろうか。

イベントを実施する際は、冒頭で「今日は、いっぱい失敗してください」と伝えている。失敗することで気づきがあり、スキルアップの近道になるのだ。

子どもたちが火のついたままの枝を振りまわしたり、焚き火以外のものに火をつけたりしても極力放置している。もしかしたら、ケガをするかもしれない。しかし、アウトドアにケガは付きもの。自分がそうであったように、その痛みを通して火の怖さに気がつける。

心配かもしれないが、子どもは遊べば遊ぶほどいい意味での恐怖心が芽生え、火に対して憶病になるものだ。頭ごなしに注意して火から遠ざけてしまうのではなく、その子自身が「ケガをしないように遊ぶには、どうすればいいか」と考えるようになってもらいたい。そのためには、まずは大人が積極的に火で遊び、学び、理解し、手本を見せることも大切だ。

第三章

着火＆燃焼

Chapter 03　　Ignition & Combustion

焚きつけなしでは焚き火は始まらない

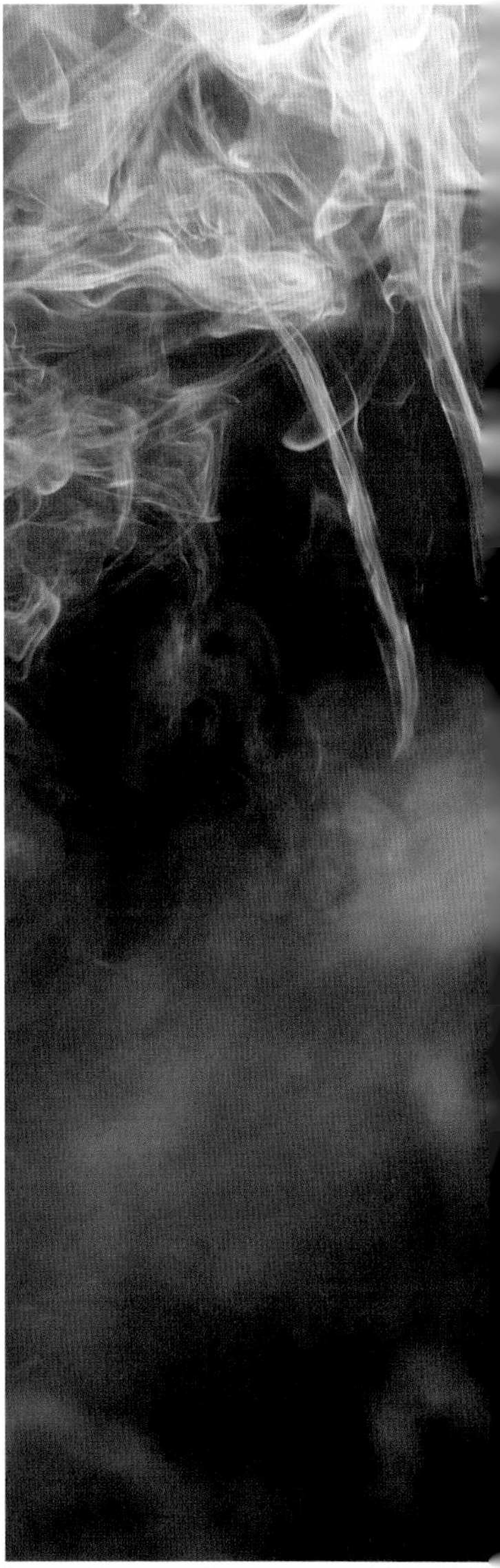

薪を燃やすには順序がある。「焚きつけ」とは、最初に燃やす材料のこと。たとえるなら、リレーの第一走者だ。いくら足の速いアンカーが控えていようと、走者全員がうまくバトンをつないでくれないとゴールにはたどり着けない。焚き火も同じで、炎のバトンリレーこそが成功のカギになる。

焚きつけは市販されているものと自然界で拾えるものとに大別できる。せっかくなので、まずは自然の恵みを探して使ってもらいたい。掃除が行き届いていて枝ひとつ落ちていないキャンプ場も多いので、もし見つけたときは多めに拾ってキープしておこう。密封性が高いジッパー付きの袋に保管しておけば次回も使える。

市販品は「着火剤」の名で棚に並んでいる。安定した火力と持続力があるので、いざというときは頼りになる存在だ。また、新聞紙や牛乳パックなどの生活用品も、使い方の工夫次第では十分役割を果たしてくれる。

まずは一通り試してみることで、自分に合った着火スタイルが見えてくるだろう。

焚きつけの種類と特徴

詳しくは
P.80～

火おこしの
救世主

着火剤

燃焼剤として着火をサポートしてくれる。ジェルタイプと固形タイプがあって燃料の種類も異なる。これを使えば、大幅な時間短縮と労力の削減につながる。

息を吹きかけると
効果抜群

松ぼっくり

マツの木になる実。独特な見た目なので見つけやすい。松ヤニを含んでいるためよく燃える。単体で燃やすときは、弱く息を吹きかけてあげると安定して燃える。

樹皮も
使ってあげて

スギの皮

葉っぱや枝に注目が集まるが、皮も役立つ。表面が柔らかく簡単に裂けるので、薪に付いている皮を剥いてクシュクシュに丸めれば、火口としても使える。

飲み終わった
ゴミを再利用

牛乳パック

ワックスコーティングされているので着火剤になる。水洗いしてよく乾かして使う。細かくカットするか縦切りにして丸めると長持ちする。新聞紙より優秀。

薪との
パイプ役

小枝

キャンプ場でも拾える。細い枝、中くらいの枝、太い枝を用意して、順番に燃やしながら薪に着火させる。ポキッと乾いた音がしたら乾燥している証拠だ。

焚きつけ界の
エース

スギの葉

火力の瞬発力は断トツ。持久力はないので、多めに集めて燃やすといい。トゲトゲした特徴的な葉は見つけやすく、明るい茶色ほど油分を多く含んでいる。

新興勢力に
圧され気味

新聞紙

最も一般的だが、使い方には少々工夫が必要。細長く棒状に丸めて井桁型に組んだり、渦巻き状にすることで燃焼時間が長くなり、しっかりと着火する。

火の粉でも
燃え移る

麻紐

ほどいて丸めたものはファイヤースターターで点火する際に便利。飛び散る火の粉をうまくキャッチしてくれる。スギの葉に絡ませて燃やすのもあり。

そのままより
削って入れる

ロウソク

刃物で削って、枝の上にふりかけてあげると効率よく燃えていく。しっかり加熱されると燃えるが、燃焼させきらないとこびりついて焚き火台を汚してしまう。

入手困難だが
よく燃える

シラカバの皮

薄い表皮だけでも十分な火力を発揮し、スギの葉と同じく自然界を代表する着火剤。しかし絶対数が少なく、高原エリアでしかお目にかかれないのが難点だ。

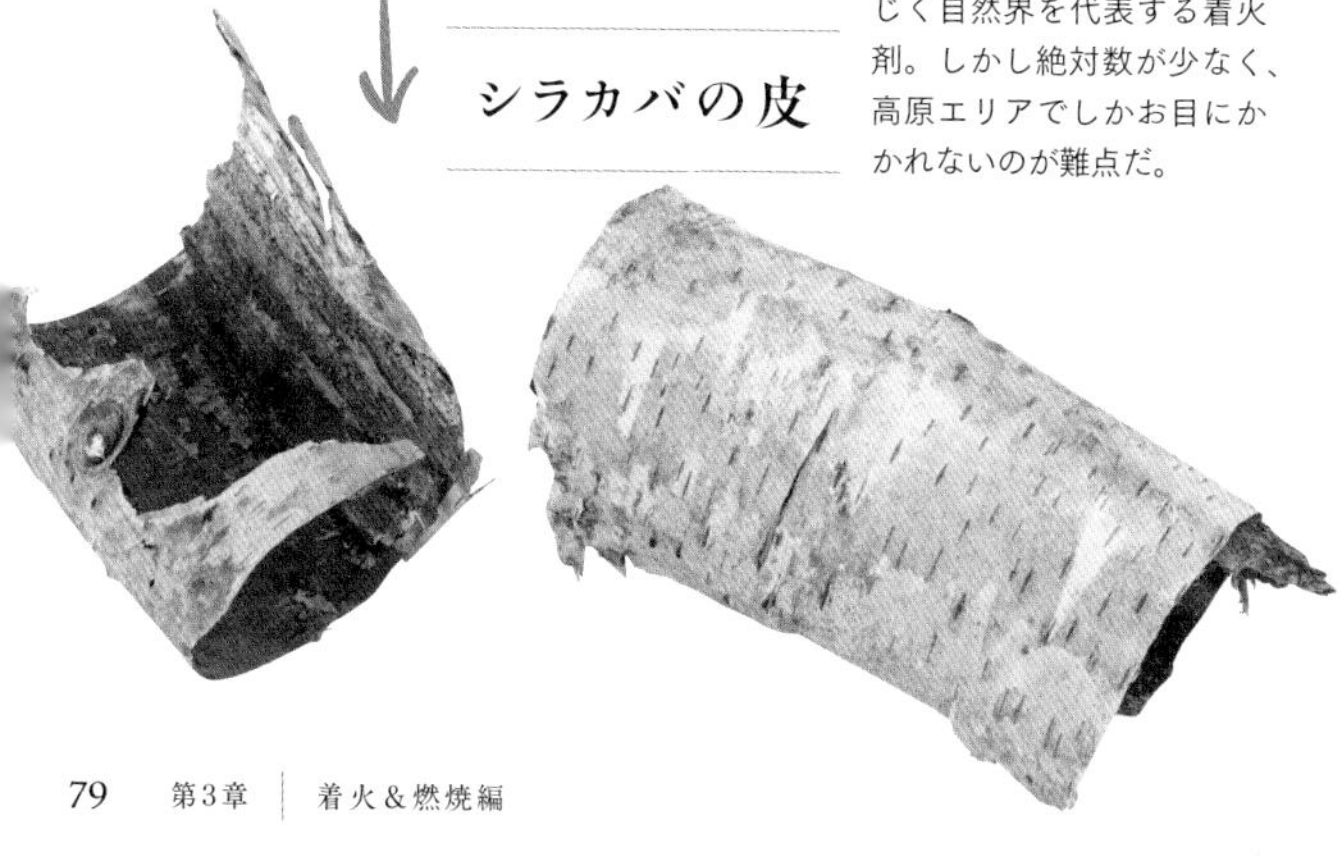

便利がいちばん。率先して使いたい

最近は、率先して着火剤を使うようになった。スムーズに火おこしをするためには、外せないアイテムだ。これほど便利で楽なものはない。

火がつかないと食事にもありつけず、暖もとれない。なにより、火おこしに手間取っていては仲間のテンションを下げてしまう。これだけは避けたい。

昔は着火剤で楽して火をおこすことに多少罪悪感を感じていたが、堂々と使うようになってからは気持ちが楽になった。それでも使うことに気が引ける方は、小さいサイズのものを選ぼう。こっそり焚き火に入れてしまえば、バレることはない。

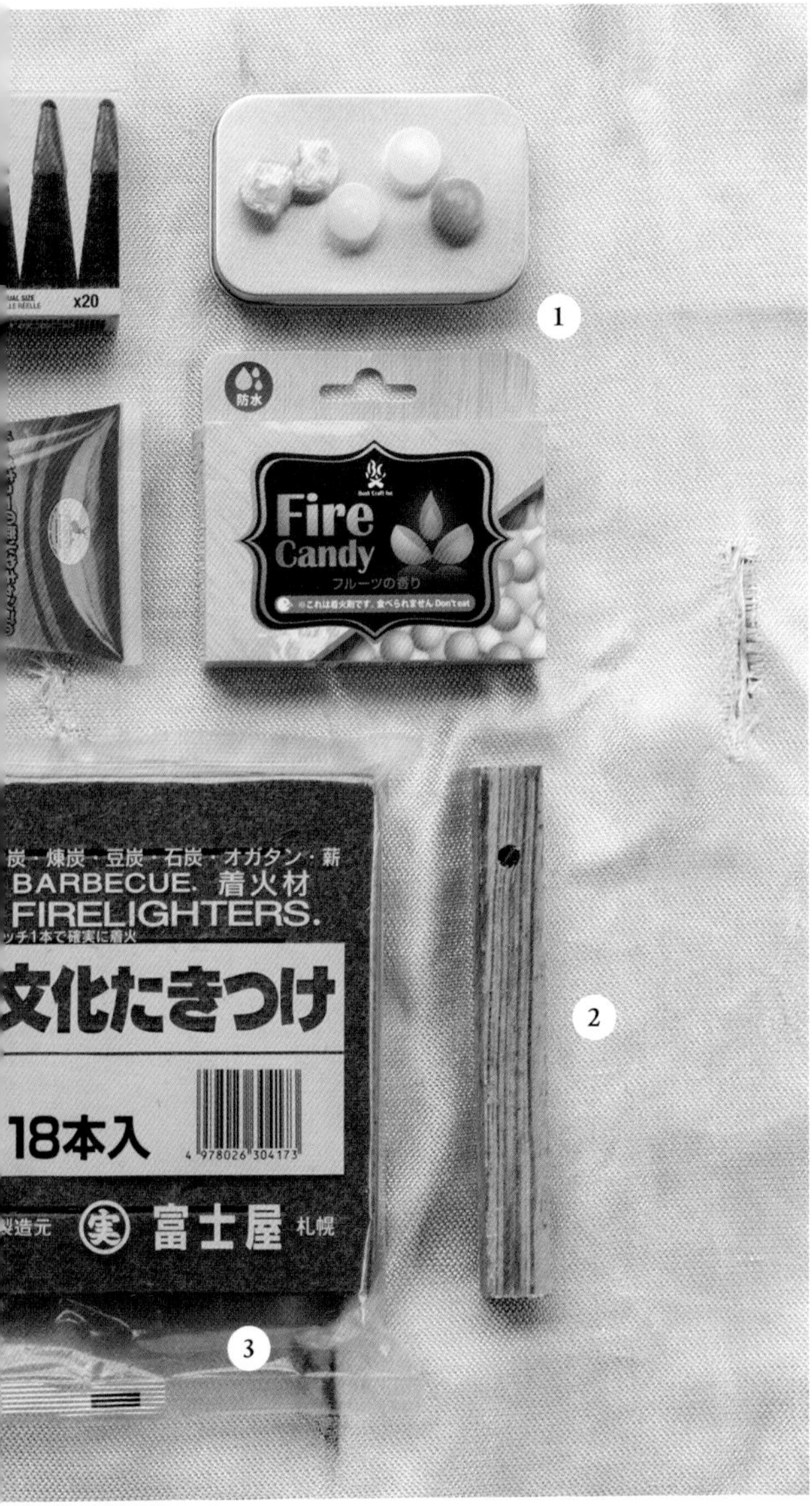

1 安全・安心な原料を使用

固形燃料タイプ

化粧品にも使われているパラフィンの固形タイプ。着火剤もオシャレになり、香り付きまであって、さまざまなメーカーがオリジナリティを出している。

特徴
- 個性的なデザイン
- サイズも豊富

着火剤界のレジェンド

3 灯油染み込みタイプ

木材繊維に灯油を染み込ませている。使う分だけ割って使えるが、使わず空気に触れていると油分が揮発してしまうので密閉保存袋に収納する。

特徴
- 火力の勢いはトップクラス
- 安価で手に入りやすい

擦ればそのまま着火剤になる

4 マッチ付き着火剤

マッチと着火剤が合体したアイデア商品。マッチをつけるように着火し、焚きつけの中へ。まだ流通量が少ないタイプだが、今後増えていきそう。

特徴
- マッチよりも擦りやすい
- 確実に着火ができる

必要な分だけニュルっと出す

5 チューブジェルタイプ

ジェル状でメチルアルコールが主成分。手も汚れず、保存もしっかりできるので、年数回のにわかユーザーからヘビーユーザーまで愛用者は幅広い。

特徴
- 煙が少ない
- 量を調整できる

小分けなら分量も気にしない

6 使いきりジェルタイプ

メチルアルコールジェルの使いきりタイプ。着火に必要な分量がわからなくても、これをひとつ入れておけば約10分は燃焼する。誤食も防げるピンク色。

特徴
- 安定した燃焼時間
- においも少ない

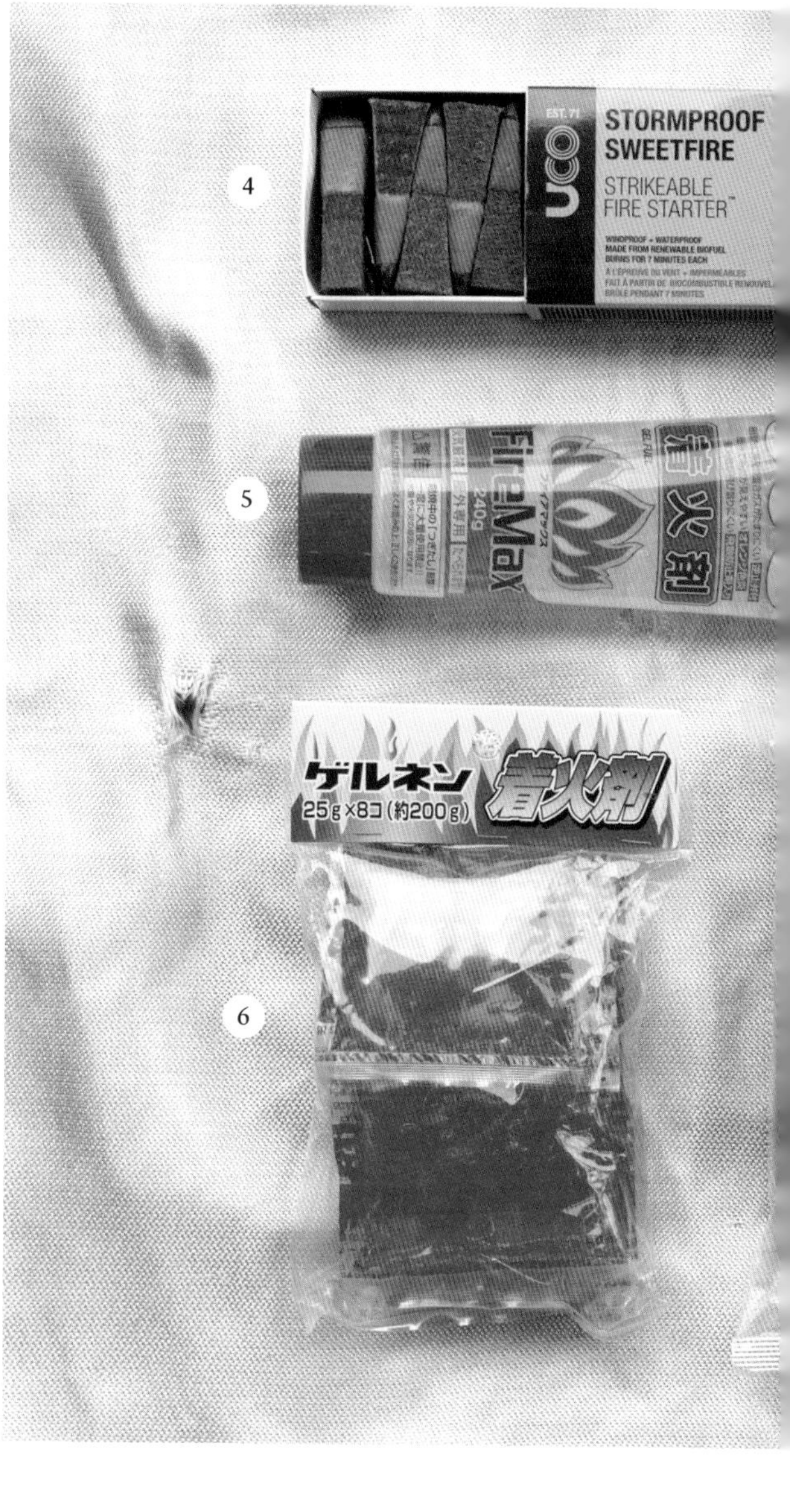

天然の木を削って燃やす

2 ティンダーウッド

松ヤニを多く含んだ部分だけをカットして作られたナチュラルなもの。ベタベタすることもなく、簡単に削れる。化学的なものが苦手な人におすすめ。

特徴
- 芳香剤のような香り
- 過程も楽しめる

薪の組み方ひとつで力量がわかる

薪の燃やし方には、大きく2つ方法がある。

ひとつは焚きつけを燃やしてから、薪を組む方法。燃やし具合の調整がしやすく、確実に着火させてから薪をくべられる。しかし、火がついてからの作業になるので、組み方が制限される。

もうひとつは、焚きつけと一緒にはじめから薪を組む方法。うまく燃やせれば太い薪が燃えだすのは前出の方法よりも早く、組み方の自由度も高い。しかし、焚きつけがうまく燃えないとすべて最初から組み直さなくてはならない。

薪の組み方は、普段の服選びと同じようにTPO（時と場所、場合に応じた使い分け）を考慮して選ぶ必要がある。日によって変化する自然環境にも対応しなくてはいけない。たとえば、適度な風は酸素を送り込んでくれるが、強風は逆に火おこしの妨げになる。こんなときは、風の影響を受けないように組む高さを低くしたり、防風を兼ねて薪の壁を作らなくてはならない。

焚き火台によっても組み方は左右される。火床がフラットなものは自由に組めるが、すり鉢状やメッシュタイプは安定しにくいので、必然的に枕木を多用する組み方になる。持ち運びを考慮した近年の焚き火台は、コンパクトなサイズのものが多く、薪の長さに対して自由に組めないものも少なくない。組み方でストレスを感じたくなければ、火床が広いタイプを選ぶといい。

薪の組み方のバリエーション例

ど定番

メリット
- 組みやすい
- 着火成功率が高い

デメリット
- 薪の量が必要

焚き火では
この組み方が
基本になる

井桁型

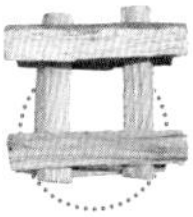

漢字の「井」に似ていることが名前の由来。
薪が安定するなら、3〜4段にすると煙突効果が増す。
太い薪は樹皮を外側に向けて組むと燃えやすい。
中央の空洞部に焚きつけを上から隙間なく差し、横から着火。
キャンプファイヤー型とも呼ばれる。

チビチビ
楽しむ炎も
乙だ

花火型

中央で焚きつけて先端部分から燃やしていく。
燃えだしたら薪を内側に押し込み、交わらせる。
薪の先だけが燃え、上から見れば
打ち上げ花火のように見えることから命名。
少ない薪で長い時間燃やせるが、
常に火の世話をしないといけない。

メリット
- 薪の消費が少ない

デメリット
- 火が消えやすい

難易度高め

メリット
- 中央スペースが狭い分、煙突効果もアップ

デメリット
- 組みにくく、崩れやすい

互い違いに
組めば
アート作品

フジサン型

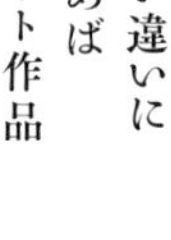

井桁型をより省スペースにした変形版。
スタイリッシュに組むなら、これ。焚きつけは
中央に置く。私が焚き火の監修をしているTV番組
『石橋、薪を焚べる』の収録の際には、これを
多用している。フジテレビの番組であることと、
上から見た富士山のような形をかけて命名した。

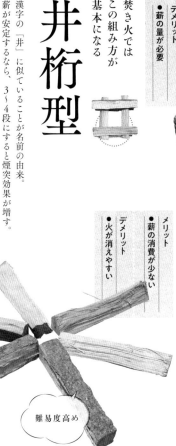

炎を召喚するなら形から

魔法陣型

交互に三角形を組んでいく。薪と薪の接地面が広いので安定感がある。かっちり組んでしまうよりは隙間をあけておくと空気が通りやすくなる。ファンタジーアニメなどで描かれている魔法陣から命名した。キャンプの場を清め、邪気を払うスタイル。

メリット
- **組みやすく、安定感がある**

デメリット
- **空気が通りにくい**

上でも下でも火が焚ける万能型

焚き火台型

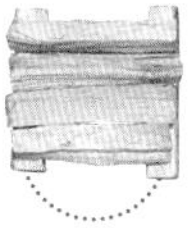

枕木になっている下2本が脚になり、まるで焚き火台のよう。濡れた地面で直火をするときはこの上を火床にする。焚き火台を使うなら、下に焚きつけを置く。風が通るように枕木の向きを決めること。上で薪を燃やして、調理をするのにも便利。

メリット
- **どんな環境下でも燃やせる**

デメリット
- **焚き火台には不向き**

おすすめ

「組まない」という、焚き火の選択肢

丸太に切り込みが入っていて、そのまま大胆に燃やせる「スウェーデントーチ」が人気を集めている。正式名称は、スウェディッシュトーチ。スキレットやケトルも置けるので調理用にも使える。もともとは、フィンランドでかがり火として使われていたが、時代とともに変化し、焚き火のオシャレアイテムになったそう。自作もできるがチェーンソーが必要。

枕木を使うと
組みやすいし
くべやすい

ジャンプ台型

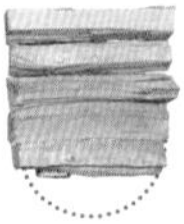

炎が薪を伝って
跳びはねるようなイメージで燃やす。
大きめの枕木をベースに使うと
空気が入りやすい。
トンネルスペースに火種を入れて着火する。
枕木の脇は薪の壁ができるので、
湿った薪を乾かしたり、料理の保温にも便利。
枕木を2本重ねられれば、より使いやすい。

シンプル

メリット
●火の強弱があって料理がしやすい

デメリット
●太い枕木（薪）が必要

ピースフル

メリット
●争いがなくなる

デメリット
●焚きつけが多めに必要

くべる
楽しさは
平等に

共感型

薪をくべる楽しさを、
参加者が共感できるようにと考えた組み方。
通常は1人だけが薪をくべることが多いが、
センターに枕木を配置したことで
両サイドからもくべられる。枕木を増やして
配置を変えれば、大人数でも楽しめる。

炎がもっとも
美しく
立ち上がる

ニューティピ型

本来のティピ型は薪同士を立てかけて作るが、
バランスがとりにくい。
そこで考えたのが、螺旋状に組むティピ型。
炎が中心部に集まり、キレイな燃え方が楽しめる。
簡単に組めて、炎も美しい、
これからのニュースタンダードのひとつになるだろう。

メリット
●薪の消費が少ない

デメリット
●慣れるまで組みにくい

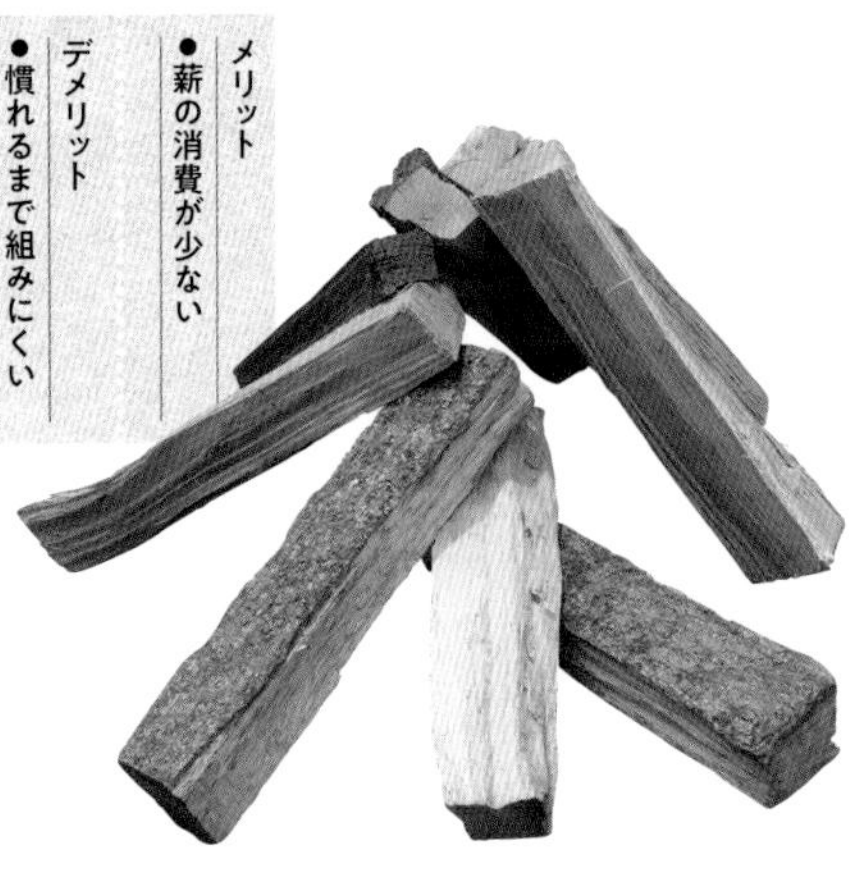

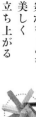

台の形状を利用して組んでいく

クロス型

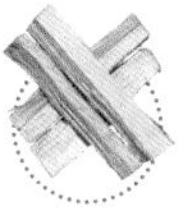

逆四角錐形状の焚き火台は薪を組むのが難しいので、台にはめ込んでひっかける組み方がおすすめ。1本だと不安定になるので、2本ずつ使うのがコツ。多すぎると空気の通り道を塞いでしまう。下の空間に焚きつけを詰め込んで燃やす。

メリット
●枕木にもなる

デメリット
●直火には不向き

どの型よりも燃え広がりはダントツ

バンドル型

薪の束をそのまま立てたら、数本、間引いて隙間に着火剤を入れて燃やす。火力はかなりのもの。プラスチック製の結束バンドだと溶けてバラバラになるので、針金で縛られている束を使うこと。直火だと後始末が大変なので、焚き火台の上でやるといい。

メリット
●火がつきやすく燃えやすい

デメリット
●ゆえに薪の減りが早い

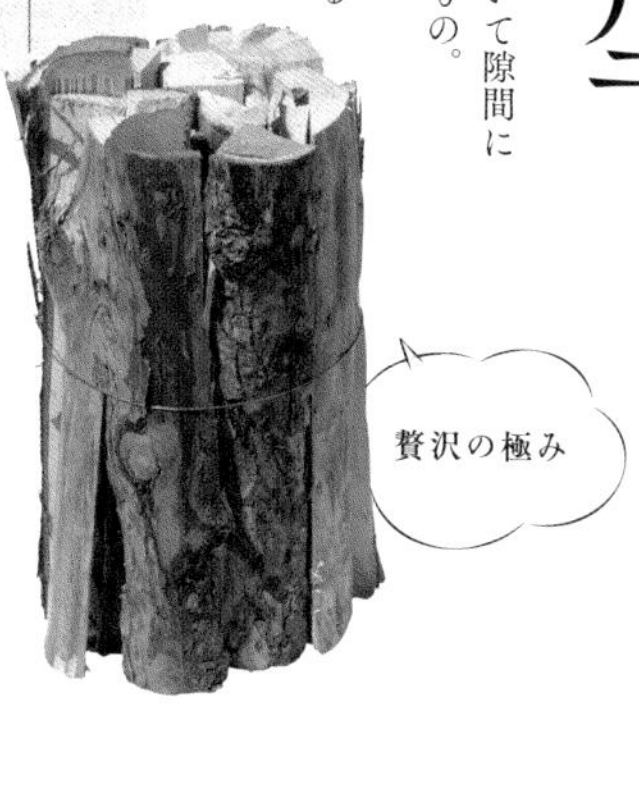

焚き火台に合わせて組み方を決める

焚き火台のサイズはバラバラだが、薪のサイズは35cm前後で売られている。台のサイズに合わせて薪を切ることもできるが、そこまでするのは手間だ。組み方の引き出しがたくさんあれば、どんな形や大きさの台であろうと対応できる。組み方を間違えると燃えてくれない。焚き火台と組み方の相性があるので、自分の台に合う形を探してみよう。

火つけの成否は着火までに決まっている

火つけは、なにより火をつけるまでの準備が重要。私でも準備を怠れば失敗することもあるため、人前でやるときはいまだにドキドキしてしまう。しかし、仕事と同じようにきっちり下準備をしておけば、まず裏切られることはない。

火おこしの過程自体を楽しみたいのか、はたまたサクッとおこし終えたいのか。まず、その焚き火の目的をハッキリさせておきたい。

火おこし自体を楽しみたいなら、ブッシュクラフトがいい。最低限の道具を使い、自然のなかにある素材を利用した原始的な方法だ（P25参照）。一方、火おこしを焚き火の通過点ととらえるなら、着火剤をガンガン使ったほうがスムーズ。「道具に頼るとは邪道」などと言う方もいるが、そんなことはない。スタイルが違うのだから、道具が違うことも当たり前だ。

どちらにせよ、必要な準備や手順はまったく一緒。基本をしっかり身につけておいて損はない。覚えておきたいのは、細かいものから太い薪に燃え移すという順番をきっちり守ること。そして、風向きや枝や薪の湿り具合など、その時々の自然の状況に合わせて判断していくことだ。

準備を見誤ると、焚き火全体がうまくいかなくなる。火つけの成否は準備段階で決まるのだ。また、焚き火を段階的に把握しておけば、失敗の原因を突き止めやすくなり、スキルアップにもつながる。準備は丁寧に行ないたい。

火をつけるまでの正しい手順

1

着火剤を火床に置く。火床が濡れているときは乾いた枝や薪を下に敷いてから、その上に置く。

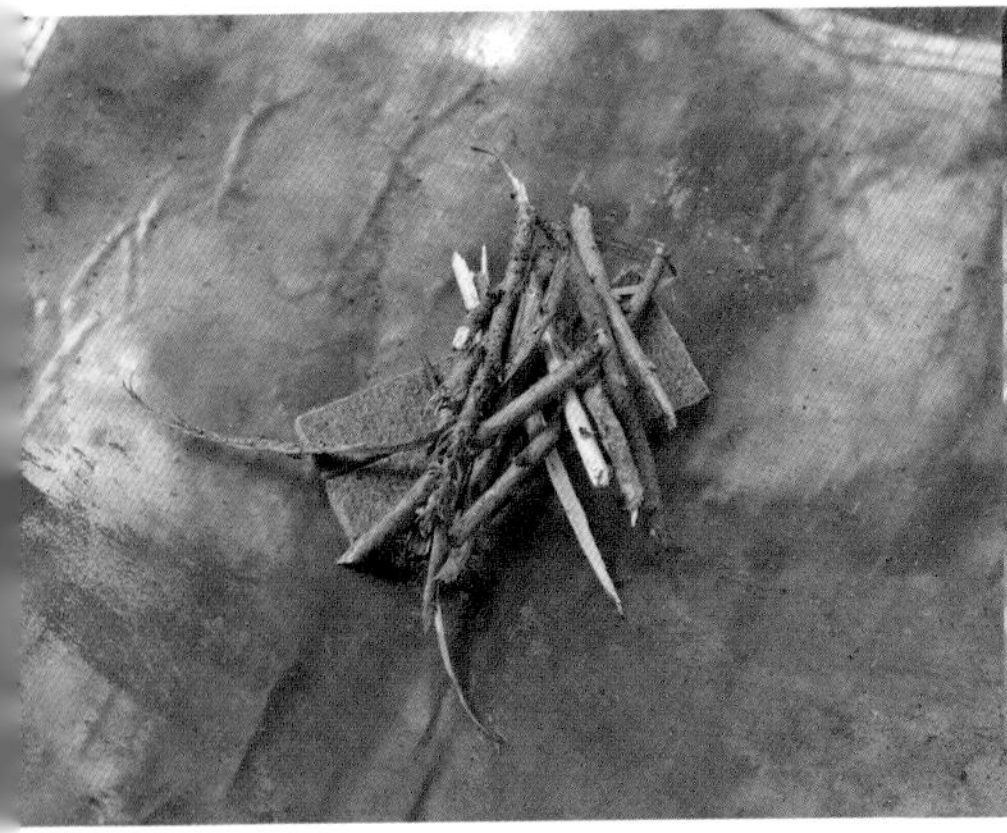

2

着火剤の上に、枝をなるべく密集させて置く。木の削りかすや樹皮を細かくしたものも一緒に。

4

ライターで着火。火は上に向かっていくので、着火点の上の薪に炎が当たることを意識する。

5

着火剤に引火したら放っておく。熱や炎が分散されてしまうので、風を送り込む必要はない。

NG

火が つかない人の 3大間違い あるある

以下は、焚き火ビギナーがよくやりがちな間違い。間違いと失敗では、大きく意味が変わってくる。もし間違っている人を見かけたら、プライドを傷つけないようそっと教えてあげてほしい。なかなか言いにくいが、一生の笑い話になるよりはマシなはずだ。

焚きつけを隙間なく並べる

焚きつけの置き方次第で空気が流れなくなる。酸素不足では着火剤完全燃焼せず煙だけが出続ける。

着火剤を薪の上に置く

これではかがり火のように燃えるだけ。着火剤の大量消費で終わってしまう。必ず薪の下に置くこと。

いきなり太い薪に着火

一見すると燃えているように見えるが、燃焼温度まで達せず薪が黒焦げになるだけ。段階を踏もう。

隙間を意識する

3 崩れないように細い薪を組む。密に組まず、空気の通り道を作る。点火の入り口を確保する。

6 細い薪全体に火がついてから太い薪を足す。最初から太い薪を組んでもいいが崩れやすい

火を育てるコツは目を離さず薪を離すこと

さっきまで勢いよく燃えていたのに、ちょっと目を離したすきに消えていた、なんてことはよくある話。それはきっと着火剤や焚きつけが燃えていただけなのを、薪まで燃えたと錯覚してしまっていたから。炎が勢いよく上がったからといって、太い薪に火がついたとは限らないのだ。

太い薪に火が燃え移らない原因としては、薪を積みすぎて内部に十分な空間がなく、酸素不足で不完全燃焼していることが考えられる。こうなってしまうと、いくらあおいで空気を送り込んだとしても一瞬しか炎が上がらず、長くは燃え続かない。いったん薪を組み直したり、間引いてあげなければならない。

燃えだしたからといって、バンバン薪をくべないことも重要だ。入れすぎると、また酸欠になって堂々巡りになるので、太い薪が半分ぐらいになるか、熾火が下にたまり始めたのを目安につぎ足すようにしよう。高温状態をキープできれば、ちょっとくらい雨が降ったとしても火が消えることはない。

薪が燃焼するには、以下の3大要素が必要不可欠。①可燃物（燃えるもの）②酸素（酸化反応に必要）③熱（酸化反応を起こすための点火エネルギー）。このどれが欠けてしまっても火は燃え続けない。「薪、燃えました！」と判別してくれる都合のいいギアはない。中くらいの太さの薪に火が燃え移り、焚き火が安定するまでは、目を離さず、その場から離れないようにしよう。

1

細い薪に確実に火がつくまで、なるべく触らないようにしておく。焚きつけの力を信じる。

2

樹皮側よりも幹側に火が当たるようにしておく。切断面が毛羽立っているので燃えやすい。

着火後に火を大きくする手順

5

最低でも太い薪を同時に3本は燃やす。炎が薪にかからないときは多少移動させてもいい。

6

焚きつけは絶対に崩れてくるので、太い薪を炎に合わせて置き替える。ここは面倒がらない。

3

焚きつけに薪を立てかけていく。最初の1本をベースにして、不安定にならないように組む。

4

ベースの薪の上に放射状に組んでいく。場合によってトングよりグローブのほうが扱いやすい。

7

散らばった炭火を中央にまとめることで安定した火力が得られる。もう消える心配はない。

8

薪を組み直したら完成。煙が出ていても、ひと吹きすればいつでも火がおこる状態になる。

火を育てるコツ

コツ 1

薪を
ひっくり返す

どれだけ上手に薪を組んでも、全体がバランスよく燃え続けることはない。気がつくと薪の切れ端が残り、仲間外れになってくる。そうなる前に薪の向きを変えてやること。燃えていない面に火が当たるようにすれば満遍なく燃える。新たな薪はこのタイミングでくべる。

NG

薪を
積みすぎない
こと

焚きつけに無事に火がついたからといって、一気に薪をくべない。これでは蓋をかぶせたのと同じで、空気の流れを遮断してしまう。最悪、火が消えて振り出しに戻ってしまう。はやる気持ちは抑えよう。

コツ 2

細かい
薪や枝を
つぎ足す

焚きつけの火力が弱くなってきたと感じたら、着火剤ではなく細かい薪や枝を足す。火種はできているので、着火剤ほどのサポートはいらない。薄く輪切りにした枝も使える。ノコギリがあれば、その場で必要な分だけカットできるので、焚きつけの節約にもなる。

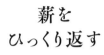

着火剤の追加は禁止

ついやりがちな間違いが、着火剤を足してしまうこと。投入と同時に引火するので、炎が逆流してやけどする危険性もある。特にジェルタイプは炎が見えにくくて危険。足すぐらいなら、はじめから多めに入れておこう。

コツ 3

薪は必ず風下に足す

アウトドアでは無風の日は少なく、いつも風が吹いている。その風を味方にしよう。炎は風上から風下に流れていく。その特徴を利用してしっかり炎が当たるよう、薪を足すときは必ず風下に置く。写真下のように風上側に置いてしまうと、一向に燃えていかない。

コツ 4

次に入れる薪を乾かしておく

市販されている薪は乾燥しているが、なかには燃えが悪いものもある。くべる前に少しでも乾かしておくと燃えやすくなる。焚き火台に立てかけたり、隅に置いておくなど、焚き火の熱を利用して乾かしておこう。石やコンクリートの上で日干しにしておくのも効果的。

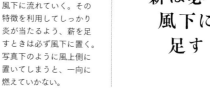

焚き火台が普及するほど直火の魅力は増していく

幼少期から焚き火といえば直火だった私にとって、焚き火台を使うことはいまだに多少違和感がある。

そもそも、焚き火台とはいつごろから普及し始めた道具なのか。調べてみると意外に最近で、1996年にスノーピークが焚き火台を発表したのがはじまり。当時は第一次キャンプブームの真っただ中で、キャンプ人口は現在の倍近くとなる1580万人もいたといわれている。

そのような時代背景から考えるに、焚き火台誕生の理由は、ルールやマナー違反の

増加だったのではないか。人が増えれば違反が増えるのは世の常。このタイミングで徐々にキャンプ場の規則が厳しくなり、並行して焚き火台が浸透し始めた。

現在は、焚き火＝焚き火台というイメージを持っている人のほうが多いはず。しかし、直火の魅力もぜひ知ってほしい。焚き火台よりも自然環境に左右されやすいため、火を焚くスキルアップにも持ってこいだろう。最低限のマナーを守っていけば、徐々に規制は緩和され、今後はきっと直火が楽しめるフィールドが増えていくに違いない。

直火はファイヤーピットを自作しなくてはならないが、使えそうな大きな石や丸太を探し集めることも宝探しのように夢中になれる。そして手間暇をかけた分、出来上がった焚き火には愛着もわいてくる。また、なんといっても炎の立ち上がり方が焚き火台よりも美しい。まるで大地の力を炎が吸い上げているように、大空に向かって燃え盛っていく。

直火の準備から焚きつけまで

1 御神木《ごしんぼく》（長くて太い丸太）2本を並列に、風向きと平行に置く。

4 焚きつけの小枝は大量に集め、一気に火力を上げるようにする。

5 枝を置く。皮が剥けそうなら、細かく剥いて小枝に絡ませる。

直火の極意 1

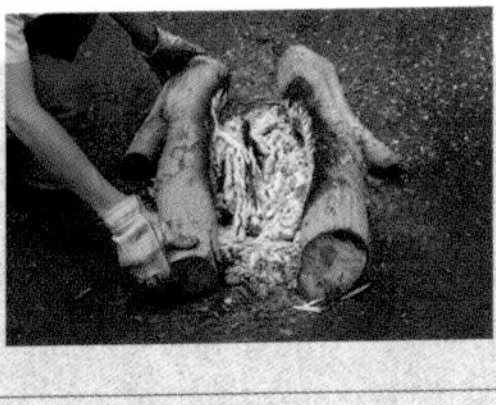

火が落ち着いたら幅を調整する

火が落ち着いてきたら幅を狭める。幅を狭くすると風の通り道がはっきりする。火力も増し、調理もしやすくなる。また、広げたままだとたくさん薪をくべたくなってしまうが、狭めておけば少ない薪でも有効に楽しめる。

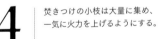

2 地面が濡れていたら薪を敷く。乾いていてもあるとベター。

3 火床の上に、自然界の着火剤、スギの葉をたっぷりと置く。

6 スギの葉に着火。火つきが悪ければ、スギの葉を下に追加する。

7 御神木は薪ではないので燃えが遅く、風を防ぐ役割も果たす。

直火の極意
2

竈門としても活用

ダッチオーブンなど重い調理道具でも直置きできる。御神木の間にロストルやパーセルトレンチを渡すとさらに便利。

直火の極意
3

薪をくべすぎない

薪をくべすぎて全体が燃えてしまうと使い勝手が悪くなってしまう。直火料理に使うには、こぢんまりした火が向いている。

直火の極意
4

穴を掘って通気を促す

新しい薪を追加したら、御神木の下を少し掘って風通しをよくしてやり、燃焼を促す。燃やし具合は、穴の大きさで調整できる。

どこを切り抜いてもフォトジェニック。これも直火の醍醐味だ

雨にも負けず濡れた薪にも負けず火はおこせる

ある日、インスタに「雨の日でも焚き火をしますか？」とダイレクトメッセージが届いた。仕事でないかぎり、雨予報なら絶対に焚き火もキャンプも登山もしないと決めていた。偽ってもしょうがないので、正直に答えさせてもらった。

しかしその件以来、どうしても雨の中での焚き火が気になってしまった。マイスターとして習得せねばとの思いもあり、実践してみることにした。難しそうに思えたが、やってみると案外簡単。火つけの基本ができていれば誰でも問題なくできてしまう。いつも以上に時間や手間はかかる。しかし、その分、火を育てている実感もわいてくる。

それまでは雨をネガティブにとらえていたが、ちょっと見方を変えれば、雨の日だからこその楽しさも発見できる。雨粒がテントに打ちつける音、人も少なく靄がかかった幻想的なフィールドも捨てたものじゃない。

うっかり薪を雨で濡らしてしまったら

1 できるだけ薪を細かく割ってみる

通常の焚きつけ以上に細く割る。風通しのいい場所に置いて、なるべく空気に触れさせると乾きやすくなる。新聞紙や布で水分を吸わせるのも手。

2 濡れていても燃えやすいものを探す

スギの葉は油分を多く含んでいるので乾くのが早い。黒っぽい葉っぱほど水分を含んでいるので薄い色を選ぶ。地面から拾うより枝に引っかかっているほうが乾いている。

3 文明の利器には頼るだけ頼る

割り切って、頼れる道具にはなんでも頼るのが手っ取り早い。特にバーナーの威力はすさまじく、濡れていたことさえも忘れる勢いで燃やしていく。

4 しっかり火がつくまではあおいだり吹いたりしない

煙しか出なくても焦らないこと。濡れている場合は、じっくり熱をため込んで薪が乾いてから、炎が立ち上がる。空気を入れると熱が冷めてしまうので注意。

5 火がついたら次の薪を乾かしておく

燃えたからといって安心してはいけない。次に燃やす薪もしっかり準備してあげること。焚き火台に立てかけたり、台の下に置いておくと乾いてくる。

繰り返し!

濡れた薪に火をつける方法

1

着火剤と焚きつけを使って、しっかり火力を保つようにする。着火剤を多めに使うのもあり。

2

その上に濡れた細い薪を並べる。太い薪を奥に置いて、細い薪を立てかけるように組む。

5

薪が濡れていても着火剤は燃える。点火口はなるべく小さくして、熱を逃がさないようにする。

6

蒸し焼きの状態が続く。薪を乾燥させながら燃やすので、煙ではなく水蒸気が上がってくる。

3

炎が集まる場所をしっかりイメージして、はじめから濡れている太い薪も組んでおく。

4

着火前に濡らした新聞紙を全体にかぶせるのが最大のポイント。これで熱がこもるようになる。

7

新聞紙が乾いて燃えてきたら、あとちょっと。空気は入れてもいいがピンポイントで吹き込む。

8

着火完了。通常の火おこしは空気をうまく利用するが、濡れているときは熱もうまく利用する。

炭火の扱いが難しいなんて言わせない

炭の火おこしは薪よりも難しいという先入観があるだろうが、じつは薪も炭も扱い方は変わらない。種類ごとの特徴も薪と似ている。火つきがよくて燃焼時間が短い黒炭は針葉樹のようなもの、火つきが悪いが燃焼時間が長い白炭は広葉樹の薪と同じだ。

この特性さえ把握しておけば、炭の火おこしも焚き火と同じ手順で行なうだけ。ただ、着火するまでは薪よりも手がかかるので着火剤はマスト。スギの葉や小枝でも着火することはできるが、そこそこの量が必要なので着火剤を使うほうが無難だ。

そもそも薪と炭では燃やす目的が違う。料理を楽しむなら炎が上がらず長く燃やせる炭、暖をとったり炎自体を楽しみたいなら薪が向いている。煙を出したくないなら、両方をミックスするのもありだ。炭だけでも燃やし始めは炎が立ち上がるので、もちろん焚き火の雰囲気は楽しめる。

ある日、TV番組『石橋、薪を焚べる』のスタッフさんから、「今度、スタジオで焚き火を収録するので、煙が出ないようにしてください」とのオーダーが入った。難しい注文にマイスターの血が騒ぐ。試行錯誤の結果、炭をベースに燃やしてから薪を燃やす方法にたどり着いた。これなら煙も少なく済み、長時間高温の火を保つことができる。結果は上々の出来だった。

チャコールスターターを使った炭火のおこし方

1 炭を縦に、みっちり入れる。太いものだけでなく、細かいものもバランスよく入れていく。

2 焚き火台に着火剤をセットする。焚きつけは枝でもいいが、着火剤を使用したほうがラクチン。

5 炭にもよるが、10分もすれば煙が出なくなり、炎だけになる。それが着火した合図。

6 取っ手を持って、そのまま台にガバッと移す。炭も道具も高温になっているので、注意が必要。

4 風を送り込まなくても、筒状になっているので煙突効果を発揮して勝手に燃えてくれる。

3 火をつけた着火剤の上にスターターを乗せる。置いてからより、先に着火したほうがスムーズ。

直火の極意 1

調理に使うならば火力ごとに分ける

あらかじめゾーンごとに強弱をつけておくと調理しやすい。すぐ焦がしたり、まったく焼けないなんて問題を回避できる。細かい炭火はトングで叩き砕いて作る。調理にも使いたいなら、焚き火台は大きいほうがいい。

7 バラバラに落ちた炭をまとめる。焚き火と同じように、細かい炭の上に太い炭を組んでいく。

炭おこし器を使わない炭火のおこし方

1 火床に着火剤を置く。燃焼時間が長いほうが好ましい。ひとつで不安なら多めに置いておく。

2 着火剤を囲むように炭を段々に積み上げる。煙突効果を利用して燃やすので、縦に積むこと。

5 パチパチ音がやみ、炎だけが上がるようになってくる。さらに細かい炭を入れて火力をアップ。

6 炎が出て表面が白くなったら、崩してならす。調理器具のサイズに合わせて、新たな炭も追加。

4 細かい炭も中央部分に入れておくと燃えが早い。炎の勢いで崩れないように積んでおくこと。

3 最下段だけは着火スペースを設けておく。ほかは隙間をつくらず、高さを出すことがポイント。

直火の極意 2

火持ちがいい炭は火がつきづらい？

備長炭のように火持ちがよい炭（白炭）は、硬くて火がつきづらい。火持ちが悪い炭（黒炭）は軟らかく、値段が安くて火がつけやすい。見栄を張って白炭ばかりでそろえると、慣れないうちは火おこしで苦労するかも。

7 全体が白っぽくなったら温度が安定した証拠。炎が上がらなくなったタイミングで食材を焼く。

初心を忘れたら読み返す愛読書

何気ない焚き火が素敵 1

庭仕事の愉しみ

ヘルマン・ヘッセ

野良作業がどうしても好きになれなかったころに、表紙のジイサンが素敵に見えて手に取り、感銘を受ける。毎日、庭や植物に触れることで自然に敬意を払うようになること、楽しみ方を教わる。集めた葉っぱや枝をかがんで燃やしている、素朴な写真に心が洗われた。

（草思社）

本当の愛ってこういうこと 2

おおきな木

シェル・シルヴァスタイン

はじめはただ悲しい話と思っていたが、何度も読み返すうちに、だんだんと木の偉大さ、懐の深さが人間とシンクロしてきて考えさせられる。5分で完読できてしまうが、無償の愛や与えることの勇気が詰まっている。読後は木に感謝しながら燃やすようになった。

（篠崎書林）

火の偉大さを再認識できる 3

はじまりはたき火

まつむらゆうこ

火の歴史を解説し、環境問題も提唱しているが、絵本なのでわかりやすい。当たり前のようにある火も、ないと生活ができなくなってしまう。そんな火の大切さをあらためて教えてくれる。気にせず燃やしている薪も、無限にあるものではないと考えさせられてしまう。

（福音館書店）

4 擦れた心に沁みてくる

はじめてのキャンプ

林 明子

仕事でキャンプをすることが多く、正直、ワクワクする機会が減ってきている。この本は、少女が大きな子たちのなかに混じり、頑張って背伸びしながらキャンプする内容。ワクワクドキドキしながら炎に目を輝かせるシーンを見ると、初心を思い出させてくれる。

（福音館書店）

5 はじまりはこの一冊

焚き火大全

吉長成恭
関根秀樹
中川重年

焚き火マイスターのバイブル。このジャンルでは唯一無二で、先人たちの知恵や知識が詰まっている。これなしに、いまの私は存在しない。いろいろと参考にして実践もした。この本の横に令和版の焚き火バイブルとして、『焚き火の本』を次世代に伝えていきたい。

（創森社）

燃えている時間は短いが、最後の最後まで存在感を残すスギの葉

シルク糸のような艶やかな煙。思わず触ってみたくなってしまう

どんな嫌なことも時間
が経ったら去っていく。
我慢するべし

天の邪鬼な炎は呼び止
めるように爆ぜ、振り
向くと知らん顔をする

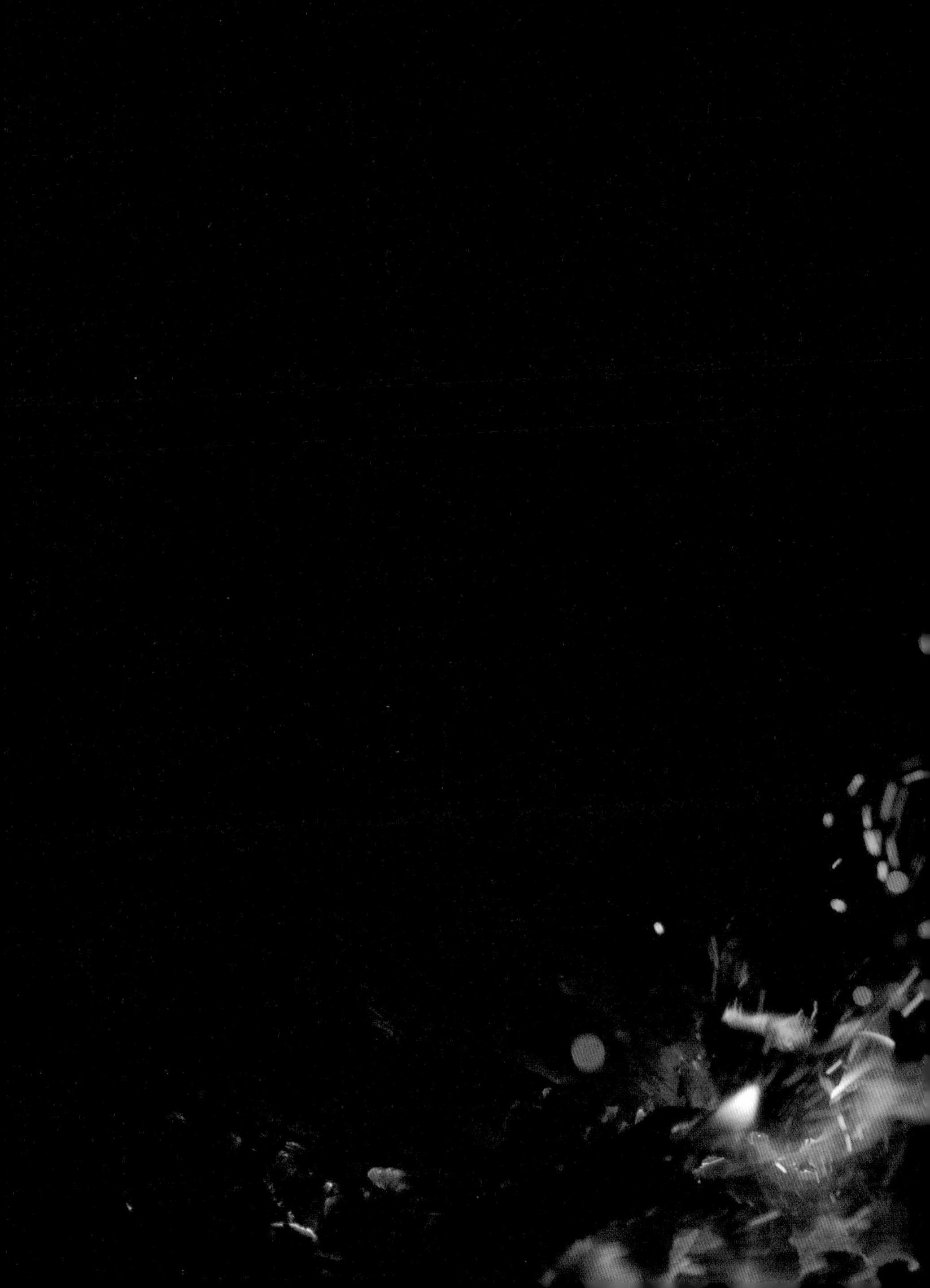

Column
—
3

レインボー焚き火が流行っている

「レインボーフレーム」と「アートファイヤー」
が長持ちなのでイチオシ。類似品に注意

TBS『マツコの知らない世界』に出演したときに、風変わりな焚き火を紹介させてもらった。魔法の粉を入れると、焚き火の炎がレインボーに変化するのである。

どんなリアクションがくるか心配していたが、「今度、買ってみる」「キレイ！」など、なかなか反響がよかった。以前は海外通販でしか手に入らなかったが、番組出演以降はたくさんのアウトドアショップに置かれるようになり、メディアの力をまざまざと見せつけられた。

通常の炎だけでも十分楽しめるが、マンネリを感じていたり、焚き火初体験の方がいる場合は、ちょうどよいアクセントになる。フォトジェニックなので、「イイね！」獲得用のアイテムとしても最高。私の携帯アルバムにもたくさんのレインボー写真が保存されている。

色濃い炎を出したいなら、2〜3人用の大きさの焚き火台中央に、熾火と薪をギュッと集めてから袋ごと入れるのがコツ。見た目はケミカルだが、検査が厳しい日本の規格をパスしているので体に悪い成分は含まれておらず、子どもと一緒でも安心して楽しめる。

第四章

観察&活用

Chapter 04

Observation & Utilization

すべての道具を手の届く範囲に置いておくと立ち上がらなくてすむ

チェアリングスタイル

焚き火の前では座るか寝るかどっちが快適？

BBQに参加すると、イスがたくさんあるのになぜか誰も座りたがらない光景をよく見かける。「欧米か！」と突っ込みたくなるが、伝わらないと恥ずかしいので声には出さず、いつも心の中にしまっている。

欧米にはスタンディングバーの文化が根付いているので、欧米人にとっては立って飲み食いしたり、会話することは日常茶飯事。それに比べて、日本は座る文化の国。焚き火の前では、イスに座って過ごす「チェアリングスタイル」こそ、日本人向きなスタイルといえよう。

チェアリングとは、折りたたみ式のイスを好きな場所に持ち出して設置し、お酒を飲む行為のこと。ここでは

横になると寝観音のように誰もが穏やかな表情に。コットを敷いても◎

レイダウンスタイル

焚き火道具とイスだけを持ち、手軽に焚き火を楽しむスタイルを指す。必要な道具が少なく身軽な分、行動範囲が広く、誰でも手軽にできるので、今後もっと火を焚いてもいい場所が増えてくれれば、このスタイルが注目されてくるはずだ。

もうひとつのおすすめは「レイダウンスタイル」。レイダウンとは、英語で「倒木」を意味する。つまり、シートを敷いて倒木のようにそのまま寝そべるだけのスタイルである。

いたってシンプルだが、直火と組み合わせると暖められた地面の熱がじんわりと伝わってきて、床暖房のように気持ちがいい。また、燃え立つ炎が目線のすぐ先にあるので、ダイナミックな焚き火を楽しめる。話題の健康法「アーシング」にも似ていて、大地とつながってリラックス効果も期待できるだろう。

前屈みになる作業が多く、また長時間、火の前にいることを考えると、なるべくラクな格好でいたい。

真似して上級者感を醸し出すさりげない仕草

男なら、できれば何事も初心者であることは隠しておきたい。しかし、何事もいきなり上級者にはなれない。焚き火も例外ではなく、日々の練習や過去の失敗の積み重ねがあってこそ、上級者への道が開かれる。勘違いしてほしくないのは、よい道具をたくさんそろえればいいわけではないこと。

上級者感を醸し出すには、さりげない仕草や雰囲気づくりが重要なのだ。

幸いにも、私には人目を忍んでこっそり練習ができる環境が整っていた。そこで身につけた〝上級者のように見える仕草〟をここに伝授しておく。メッキが剥がれないうちに自分のものにしていただきたい。

すぐできる度 ★★★☆☆
上級者感 ★★★★★

煙から逃げない

煙ごときに一喜一憂せず、男ならグッとこらえて、その場を離れてはならない。動揺しないことが周りに安心感を与える。神社にある常香炉だと思えば、ずっと浴びていたいくらいだ。瞬きすると余計、目に染みてくる。

地面に道具を直に置かない

道具を長持ちさせるためにも、地面に直で置くのは避けたい。地面に手袋を置くと、水分を吸い上げて湿気ってしまう。トングは転がしておくと、踏みつけて曲がってしまう。地面に刺すか、置き場所を決めておこう。

すぐできる度 ★★★★★
上級者感 ★★★☆☆

薪に足をかけない

つい足をかけたくなってしまうが、薪に足を乗せるのはお行儀が悪い。古い考えかもしれないが、足癖が悪いと育ちが悪いと思われてしまう。火や薪を神聖なものと考える年配者は少なくないので、常に気をつけたい。

すぐできる度 ★★★★☆
上級者感 ★☆☆☆☆

すぐできる度 ★★☆☆☆
上級者感 ★★★★★

タバコは必ず炭で着火する

タバコをくわえてもすぐにつけず、火をいじったあとに着火。自然な流れでこれをできると、こなれた感が出てくる。焚き火とタバコの相性は抜群と思っているが、嫌がる人もいるので、喫煙前に周りにひと声かけること。

使える道具はなんでも使う

ときには自分の道具やスタイルにこだわらず、その場にあるものでパパッと火をおこせるのがカッコいい。極端なこだわりは不協和音を呼ぶこともあるので注意したい。知識や経験、対応力があると緊急時にも役立つ。

すぐできる度 ★★☆☆☆
上級者感 ★★★★☆

すぐできる度 ★★☆☆☆
上級者感 ★★★★★

煙をも使いこなす

燃え盛る炎にあえて雑草をくべて、モクモクと煙を出す。じつはこれ、煙を利用して蚊を追い払う上級テクなのである。しっかり火力の見極めができないと、消えてしまうこともある。防虫スプレーよりも効果は抜群だ。

落ちているものも活用する

キャンプ場に着いたら、焚きつけに使えそうな枝が落ちているかをさりげなくチェックする。ありそうならフラッと持ち場から離れて、拾い集めてくる。むやみに探しに行って、手ぶらで帰ってくるのはかなりダサい。

すぐできる度 ★★★★☆
上級者感 ★★★★☆

消えかけの
焚き火の温度って
知ってるかい？

1 燃え始め 約200度

着火と同時に温度は急上昇。薪が燃えている温度ではなく、着火剤の燃焼温度が200度ほど。約250度に到達すると木材に引火する。燃焼させるには約450度必要。

2 燃え盛り 約750度

薪を燃やし続けるには250〜450度をキープしなくてはいけない。水分を蒸発させてからは、可燃性ガスを放出しながら炭化していき、800度以上に達することもある。

3 熾火 約600度

空気を吹き込むと炭火、熾火は1000度を超えることもある。吹かないと約600度で安定しているため、簡単に温度の強弱がつけやすく、調理に向いているとされる。

4 消えかけ 約400度

1時間ほど放置してから計測。見た目は鎮火しているようにみえるが、熱が放出されずにいて温度は下がっていない。視覚だけで判断すると大やけどを負ってしまう。

日常生活における「温度」といえば、体温と気温、お湯の沸点くらい知っていれば、困ることはない。しかし、焚き火を突き詰めていくと、温度と火の関係を把握することの重要性がわかってくる。

着火から鎮火までの温度変化を考えてみよう。着火後、まず薪は約１００度になって内包する水分を蒸発させる。水分が抜けて２５０度程度まで温度が上がると、薪から可燃性ガスが生じて燃焼を始める。安定して燃えているときの温度は７００度ほど。その成分が燃えきると炎が落ち着いて熾火になり、最後には灰になる。

手をかざし続けても熱いと感じなければ、後始末の準備をしてもよい。数秒以上耐えられない場合は、まだ２００度を超えている証なので、気をつけなければならない。

追加した薪をスムーズに燃やすには、２５０〜４５０度の高温を維持し続けること。この温度をキープするには、それなりの薪の量が必要になることもお忘れなく。

料理のコツは
焼くだけ。
以上

焚き火自体を存分に満喫したいなら、無理に料理をする必要はない。料理をしようとすると必要な道具や食材が増え、純粋に焚き火を楽しむ時間が大幅に削られてしまう。食事はコンビニ弁当やスーパーの総菜で済ませたっていいのだ。

料理をしたいなら、焚き火に放り込むだけでいい野菜の丸焼きがおすすめ。厚い皮に覆われたトウモロコシ、ソラマメ、玉ネギ、タケノコなどが使いやすい。皮ごと炎の中に放り込んだら、全体にバランスよく火が入るように、時折トングで動かしてやるだけ。全体が焦げたら完成だ。中が蒸し焼き状態になり、素材の味をギュッと閉じ込めてくれる。火力調整もコツもいらない。

キャンプではやらねばならないことが多く、適度に手を抜くことも大切。また、仲間と焚き火担当、料理担当などと役割を分担すれば効率もよくなる。私も料理はできるが、周囲に役割を与えるために、極力包丁は持たないようにしている。

肉はあらかじめ下味を
つけて仕込んでくると、
現場での手間が減る

せっかく遠出するなら、
旬の食材やその土地の
野菜を食べてみよう

焚き火で炊いた米はなぜかうまい

アウトドアで食べるご飯は、不思議となにを食べても3割増しに美味しく感じる。なかでも、焚き火で炊くお米の味は格別だ。

焚き火での炊飯に使う飯ごうは、誰もが一度は見かけたことのあるキャンプ調理器具の古株だろう。ソラマメのようなカーブを描く独特な形は、腎臓の形に似ていることから「キドニー型」とも呼ばれている。ドイツやポーランドにも同じ形の調理器具があり、スウェーデンでは楕円形のものが使われている。

機能面もよく考えられていて、凹んでいることで複数の飯ごうを同時に並べて炊ける。また、均一に炎が当たりづらい焚き火でも、中が対流して熱が回るようになっている。

しかし、近年はより機能的なクッカーにその座を奪われがち。たしかに最新クッカーのほうが失敗せずに炊けるが、先人の知恵が詰まった道具もまだまだ捨てたものじゃない。

1

2

3

1 米を研いだら、すぐ火にかけない。最低でも30分は浸して水分を吸収させる。

2 水の量は、目盛りがなくても指で計れる。米から第一関節が隠れるくらいまでが目安。

3 まずは沸騰させる。火力は強いほうがいい。弱いと感じたら、早めに薪を足していく。

4 蓋がカタカタと動き始めたら、沸騰した合図。勢いで蓋が外れることもあるので押さえる。

5 トータルで15分ほど火にかけたら、火床から外して蒸らす。蓋はまだ開けないこと。

6 約10分、蒸らしたらオープン。ホカホカのご飯の出来上がり。おこげも美味しい。

4

5

6

焚き火料理は手順よりも火の見極めが大事

焚き火料理は薪を使い、ＢＢＱは炭を使う。大して変わらないと思うだろうが、串焼きをすると違いは明らかだ。炙るだけなら焚き火もカリッとして美味しいが、生ものを焼こうとすると表面だけが丸焦げになってしまう。

じつは、この違いには目に見えない赤外線が関係している。遠赤外線は食材の表面だけを加熱し、近赤外線は内部から加熱する。炭はこのふたつの赤外線加熱がバランスよく食材に反映される。薪の炎だと遠赤外線が強いので表面しか焼けず、生焼けになってしまう。これを知っているかどうかで失敗が減ってくる。

炎と熾火をうまく使ったおすすめ料理は、皮が何層にもなっている野菜の丸焼きだ。皮がアルミホイルの役目を果たし、中が蒸し焼きになる。焚き火に入れておくだけで簡単にできてしまう。味付けしなくても素材のうま味だけで美味しく食べられる調理法だ。

熾火になったら肉の出番。スキレットを使うなら炎が出ているときでもよいが、せっかくなら直火でじりじり焼いてほしい。カレーや煮込み系に適したダッチオーブン料理は時間がかかるので、早めに仕込んで吊るしておくのがベスト。蓋の上にも熾火を置くと、上下火のグリルとしても使える。

またＢＢＱをするときは、焼き網よりも鉄板があると便利。網しかなかったら、あらかじめ焚き火台に厚手のアルミホイルを敷いておくと、直接油汚れがつかず、片付けが楽になる。

メイン食材までの道のりは長いので、ツマミでも持参して、気長に出来上がりを待とう。

調理道具を置くと空気の流れが悪くなり、火力が弱まることも。

放っておくとすぐ炭化してしまうので、ちょくちょくチェック。

調理道具は少しくらい汚れても気にならないものを

日常的に使う道具は、新品でキレイな状態がいい。しかしアウトドアに限って言えば、使い込まれた道具に憧れてしまう。人生経験の深さがにじみ出た人間のシワのように、汚れや傷には道具の歴史が刻まれる。私も手っ取り早く味のある道具が欲しくなり、わざと汚したことがある。当然だが、上っ面の汚れにしかならなかった。

道具が汚れたり、傷だらけになっても絵になる理由とは何なのか。きっと、もともと無機質な素材に自然な焦げや傷がつくことで表情が生まれるからではないだろうか。

直火でも使える調理道具は、ステンレスやアルミと鉄製のものが中心。ほかにデザイン性の高いホーローの愛用者も多い。食器やカトラリーは素材違いでバラバラに集めるより、好みの素材を決めて全体を統一したほうが見栄えがよい。似たデザインのものが多く、大勢でキャンプに行くと自分の道具が迷子になることもある。人の真似をせず、自分の好みでそろえるほうが無難だ。

ステンレスは錆びにくいことがメリットだが、汚れは目立つ。鉄製はススや焦げは目立たないが錆びやすい。それぞれ一長一短がある。また表面をフッ素樹脂加工した鍋は耐熱温度が低く、約250度で粒子が発生し、360度で有毒ガスが発生するともいわれているので焚き火にはあまり向かない。機能性より、汚れても気にならないことこそが、調理道具を選ぶポイントになる。

汚れの原因は、過度な火力で使って焼き付いてしまったり、薪の不完全燃焼によるススが付着することによるものだ。上級者でもうまく対応するのは難しい。ならば、焼き付きや汚れの分だけ焚き火したと語れるような道具を、男らしくガンガン使い込んでいきたい。

私の調理道具セレクション

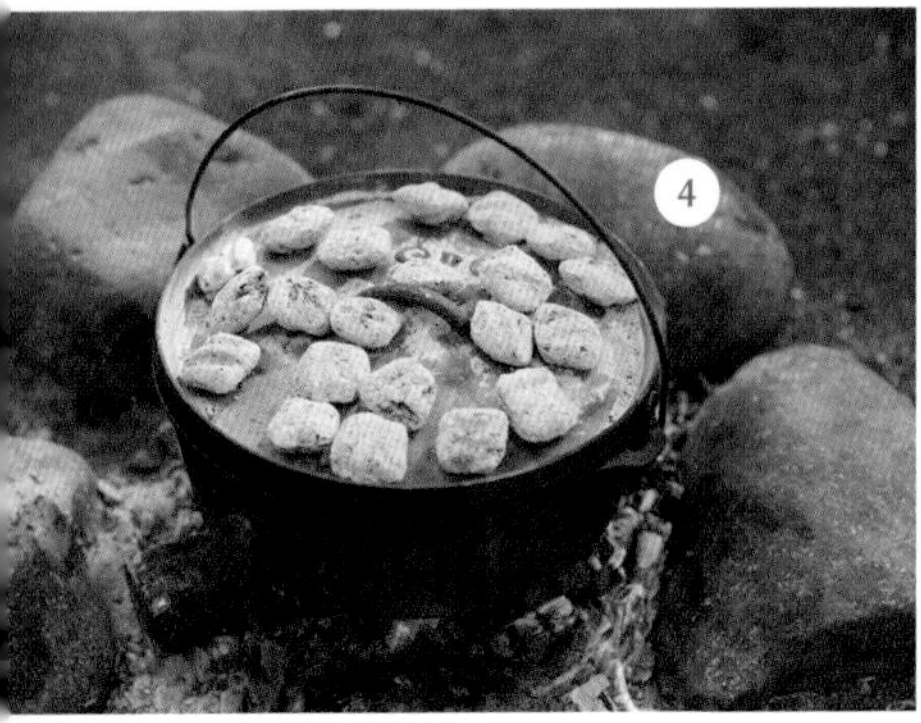

買うなら
ビッグサイズ

4
ロッジ
キャンプオーヴン
14インチディープ

サイズ展開があると小さいサイズを買いがち。大は小を兼ねるので、悩んだら、大きいほうだ。

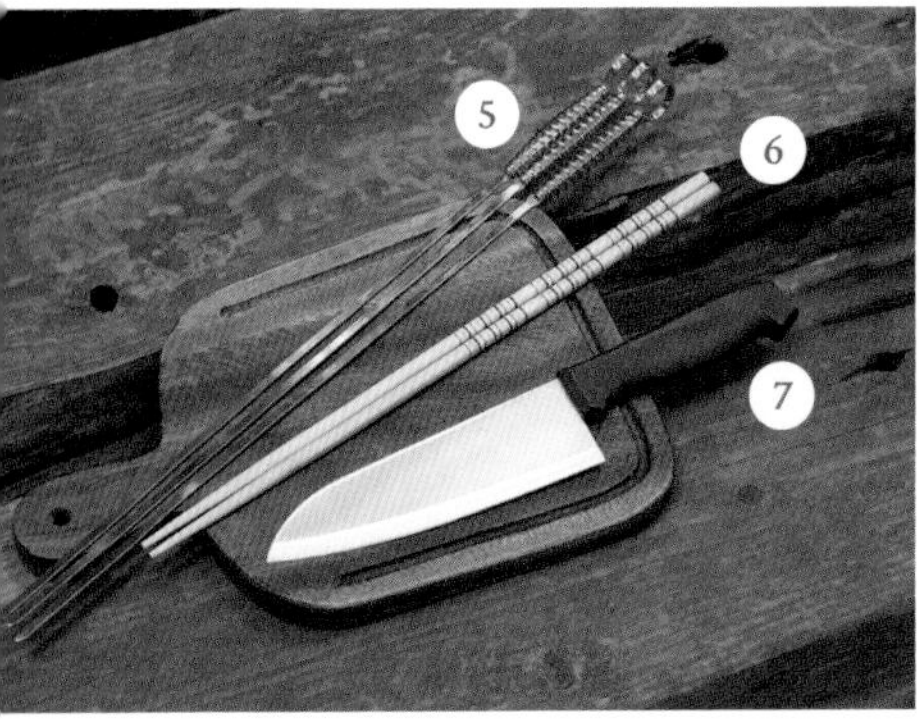

日常アイテムも
アウトドアに

5
キャプテンスタッグ
ビッグマウント
スプリング柄
バーベキュー串425mm
3本組

6
ダイソー
長箸

7
ダイソー
万能包丁

ただでさえ慣れない道具をたくさん扱うので、箸や包丁は使い慣れているものがいい。まな板は小さいと切った食材を逃がせるスペースがなくて不便だったので、買い替えを検討中。BBQ串は慎重に食材を刺すこと。力まかせに押し込むとすぐ指に刺さる。

どんなときも
白米がいちばん

1
muraco
ライスクッカー（ブラック）

飯ごう。4合まで炊けるので大人数にも対応する。蓋や内蓋が、そのまま皿の代わりにもなる。

働きは
メジャー級

2
ニトリ
スキレット鍋（6インチ）

3
ブランド不明
トング

いまでは100均や日用雑貨店でもアウトドア用品が売られている。機能性は問題なく、価格も安いので狙い目。使い込んでしまえば、プライスレスな道具になる。

常にお湯があると なにかと便利

13
フロンティア キャンプウエア
ケトル

使用後の調理道具はお湯を入れておくと汚れが落ちやすい。お湯は常に多めに確保しておこう。

軽い鍋なら 扱いやすい

8
ベルモント
ハードアルマイト クッカー4400

軽量のアルミ製なので、ダッチオーブンと比べて持ち運びもしやすい。容量も多めで便利。

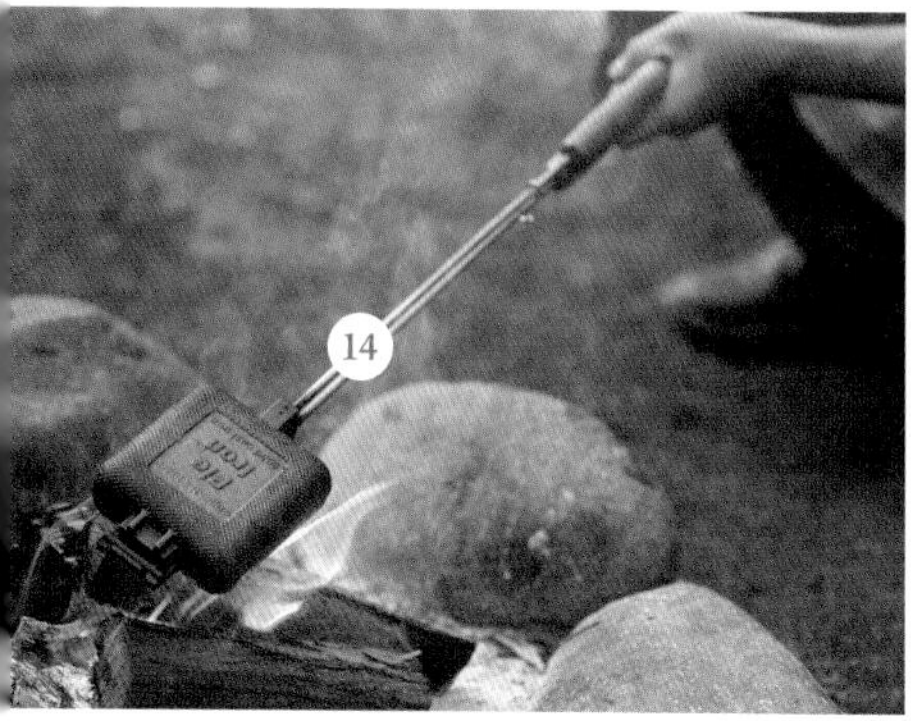

留め具を外せば フライパンにも

14
ローム
スクエアジャッフルアイアン

ホットサンドメーカーは柄が長いほうが便利。留め具を外して広げるとフライパンにもなる。

カトラリーは 思わず集めちゃう

9
フロンティア キャンプウエア
ホーロー食器

10
加藤数物
手作り真鍮スプーン

11
ユニフレーム
シェラカップ

12
muraco
フォーク（非売品）

シェラカップやカップはついつい買ってしまい、どんどん増えていく。何気に活躍の場は多いので何個あってもいい。スタッキングできるものが嵩張らないのでベスト。プラ製はすぐ溶けてしまうのでNG。鉄製なら直火にかけて温め直すこともできるので重宝する。もちろん、セットでそろえるに越したことはない。

腹を割って
お酒も割って
とことん話す

お酒の失敗は誰にもあるはず。私も数々の失敗を繰り返してきた。以前は嫌なことがあるとお酒に逃げていたが、飲んだところでなにも解決しないとわかってからは、楽しいお酒しか飲まないようにしている。

映画やCMの世界では、「テンガロンハットをかぶり、バーボン片手に焚き火を見つめる」のがダンディな男のイメージとされている。しかし、そんなヤツにいまだかつて出会ったことがない。焚き火を前に仲間と飲むと、おとなしく焚き火を見つめてなんていられない。いつもおとなしいヤツでも酔って声が大きくなり、笑い声が飛び交うのが常だ。

これを迷惑ととらえる人もいるかもしれないが、せっかくストレス社会から抜け出してきたのだから、ちょっとくらい大目に見てほしい。なかにはキャンプ地に到着後からハイペースで飲んでしまい、さんざん騒いだ揚げ句、寝てしまい、焚き火にたどり着けない寂しい人もいる。そうならないためにも、ペース配分を考え、お酒とは仲良くしたい。

ダラダラと長時間飲み続けることも、焚き火飲みの楽しみのひとつ。度数が強いお酒だとすぐに酔ってしまうので、なんでも割って飲むこと。ビールも氷を入れると、冷たくなるうえに薄まっても美味しい。氷は食材の保冷にもなるので、たくさんある分にはじゃまにならない。

缶のお酒は、ゴミが増える。朝、散乱している光景を見てしまうとげんなりする。容量が多いボトルで購入したほうがコスパもいい。チャンポンせずに、1時間に何杯飲むかを決めて、リズムよく飲むと酔いつぶれることもない。人に作ってもらうより、自分がバーテンダーになったほうが調整も利くのでペースを保ちやすい。焚き火も見ずに早々に寝てしまい、「お前、何しに来たんだよ！」と言われないように、大人の飲み方を心がけよう。

飲んでも飲まれないカクテル

麦焼酎
×
トマトジュース

二日酔いに効果あり

健康ハイ

麦焼酎のトマトジュース割り。驚くほど飲みやすく、ついつい飲み過ぎてしまうので焼酎の割合を少なめにすること。氷が溶けてトマトジュースが薄まると劇的に不味くなる。トマトにはアミノ酸・クエン酸が含まれ、二日酔いにも効果があるとされている。

日本酒
×
強炭酸ジュース

日本酒が苦手な人にも

ジュー酒（ジューシュ）

日本酒を炭酸で割る。日本酒はカクテルには不向きと思われがちだが、炭酸との相性は抜群にいい。独特な風味も和らぎ、日本酒が苦手な人も飲めるはず。炭酸が強いほどおすすめ。ライムやレモン、氷を入れるだけでもスッキリとした喉ごしになる。

ビール
×
ウイスキー

ハイボールに飽きたら

ハイビール

ビールジョッキの中に、ショットグラスに入れたウイスキーをそのまま沈める。ビールの苦みとウイスキーのスモーキーさが絡み合って、ハイボールを超える大人の味に。「サブマリン」というビールにテキーラグラスを沈めるカクテルがあるが、そのウイスキー版。

ラム酒
×
バター

フル活用してオシャレに

スイートラム

残った調味料でできるホットカクテルの定番。ラム酒をお湯で割り、砂糖を入れ、最後にバターを上に落とすだけ。ほどよい甘さがクセになる。オシャレで体もポカポカするので焚き火の締めに飲みたい。事前にラム酒でレーズンを漬けておき、トッピングするのもあり。

ウイスキー
×
コーヒー

焚き火の両雄が交わる

ツートップ

ウイスキーとコーヒーは、アウトドアな飲み物の代名詞。それをシンプルに半々に混ぜるだけ。主張が強いもの同士だが、氷が両者をうまく取り持ってくれ、ぶつかり合うことなく同時に楽しめる。寒い時期はホットにすれば、アルコールも飛んで飲みやすい。

ジン
×
炭酸ジュース

都会的な味がする

アーバン

バーやクラブなど、どこか小洒落たイメージがあるジンを爽やかなレモンの炭酸で割る。柑橘系の爽やかな香りと口当たりがサッパリしているので、暑かったりジメジメしているシーズンにバッチリ。本物のレモンやライムを絞って入れれば、見た目から涼しくなる。

なくてもいいけど ないと困っちゃう バイプレイヤー

火があれば何もいらない。なんてことはない。便利な道具に囲まれているほうが、なにかと幸せを感じられるものだ。火との相性がよい愛用品たちを紹介しよう。なかでもイスは頼りになるので、いちばんはじめにゲットしよう。イスなしの状態を想像してほしい。突っ立って火と向き合っているただの不審者でしかない。一気にそろえるより、徐々に自分に必要なものを見極めながら集めていこう。

大きいイスほど長時間、座れる 1

ラフマ

デザインチェア

高い背もたれが背中をしっかりサポートしてくれるので、快適に座っていられる。近年の主流はコンパクトサイズだが、座ってみれば大きめサイズに心が動くはず。

食べ物や飲み物道具置き場として 2

キャプテンスタッグ

アルバーロ 竹製ラウンドテーブル65

焚き火まわりの整理整頓用。道具だけならまだしも、食べ物を地面に置くのはいただけない。イスとテーブルの高さをそろえると使い勝手がよくなる。

時間がかかる料理のお供に 3

ロッジ

トライポッド

ダッチオーブンや肉の塊を吊るしておける調理サポート器具。火力調整はチェーンのフックを上下させて行なう。使わないときは、ランタンスタンドにもなる。

消えている！なんてことはない 4

ペレグリンファニチャー

蚊取り線香ホルダー

蚊取り線香はむき出しのまま放っておくとすぐに消えてしまうが、このホルダーがあると安心。フックが付いているので、枝やロープにも引っかけられる。

光源があると安心できる 6

ゴールゼロ

ライトハウス マイクロフラッシュ

トイレに行くときなど、キャンプ場では1人1つはライトを必ず携帯したい。これは、手のひらサイズでランタンにもハンドライトにもなる便利な2WAY仕様。

多い荷物はガラガラで 5

アウトドア用ワゴン

ブランド不明

サイトまで車の乗り入れができるとは限らず、何度も往復したくない。台車を用意しておけば、荷運びだけで疲れることもなくなる。ちびっ子も乗せられる。

弁当箱入れを道具箱に 7

スタンレー

クラシックランチボックス

紛失を防ぐために、細かい道具はひとまとめにしておく。このケースはかなりタフなのが気に入っている。本来の用途とは異なるが、道具の使い道は発想次第。

電源は神様です 9

ゴールゼロ

イエティ200X

なんだかんだ言って、屋外でも電力がないと不安になってしまう。スマホなら約20回もフル充電できるポータブル電源。災害時も大活躍すること間違いなし。

持ち手が多く運びやすい 8

アソビト

薪ケース

帆布生地なので強度が高く、薪のささくれを通さない。擦れにも強く、雑に扱っても破れないタフなヤツ。薪が入っていないときは、なんでも放り込んでおける。

刺されたくないなら焚け 10

富士錦

パワー森林香

家庭用サイズより分厚く、煙の量も多い。蚊はもちろん、アブにも効くので野外の作業では手放せない。心細ければ、内側からも燃やせば効果がさらにアップ！

Column
—
4

焚き火の未来はこうなる

もともとは庭先や近所の公園で普通に焚き火ができていたのに、いまはキャンプ場に行かなくては燃やせないなんて、はなはだ疑問だ。

いま、東京23区内で公に焚き火ができる場所は数えるほど。私が知るかぎり、若洲公園キャンプ場（江東区）、光が丘公園（練馬区）、舎人公園（足立区）、城南島海浜公園キャンプ場と平和島公園キャンプ場（ともに大田区）の5ヶ所だ。いくら大都市だからといっても少なすぎる。これから増えていきそうな雰囲気もない。煙や火事の問題が解決されないかぎり、厳しいこともわかっている。

そこで、これからの焚き火未来予想図を考えてみた。それは高層ビルや高層マンションの屋上だ。新たに焚き火ができる公園などをつくるより、既存のスペースを有効活用したほうがコストもかからないだろう。また煙は上に昇っていくので、煙で洗濯物に臭いがつくという苦情も解決される。

ただ、ビルの上は風が強いので、防風対策は考えないといけない。こうしたスペースが増えれば、仕事帰りにフラッと薪をくべにも行けるはずだ。

第五章

消火&片付け

Chapter 05

Fire extinguishing & Tidying up

片付けの唯一にして最大のルールは「来たときよりも美しく」

若かりしころにサッカーチームに入っていた。試合終了とともに「来たときよりも美しく、残すものは感謝のみ」と、毎回声を張り上げる先輩がいた。また、ある人には「落ちていたゴミを見つけて拾わなかったら、それはお前が捨てたことと同じだ」と言われたこともある。

当時の私にこれらの言葉が響くことはなかったが、自分が置かれている環境の変化とともに、このフレーズが染み渡るようになってきた。

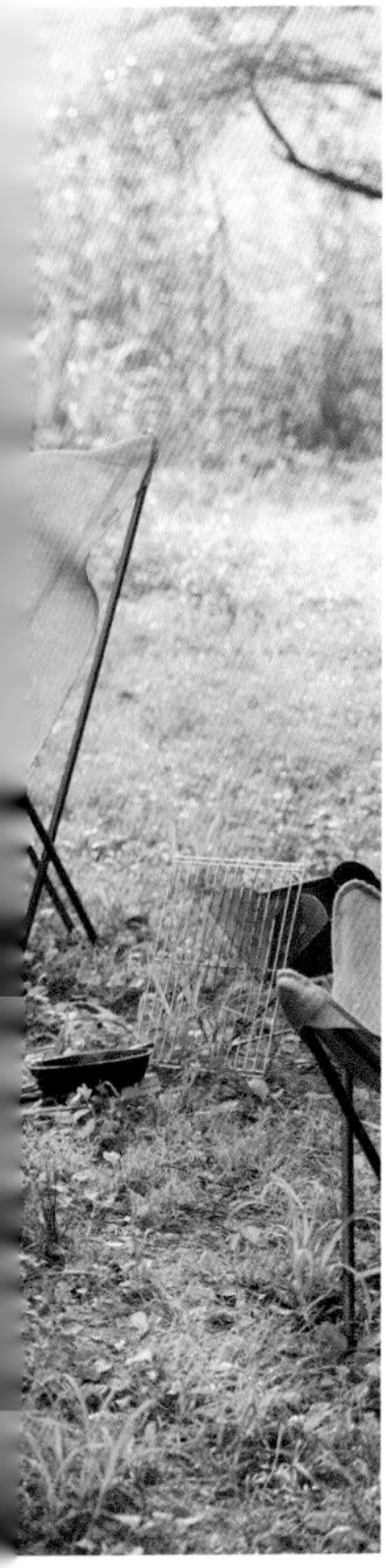

お金を払っているからといって、ルールを破ることは許されない。どこに行っても友達や同僚の家に行くように行儀よくする。決して難しいことではなく、人様に迷惑をかけないのは当たり前だ。

ありがたいことに、ゴミ捨て場が設置されているキャンプ場は多い。しかし、はじめからゴミを持ち帰ることを大前提に準備、用意しておけば、後片付けはかなり楽になる。場所によってゴミの分別方法や捨て方は異なるので、わからないときは自分で判断せず、必ずスタッフに聞くこと。ゴミ捨て場がないからといって、帰り道のコンビニやサービスエリアで捨てるのはもってのほかだ。

あまり偉そうなことを言うつもりはない。ただ、せめて自分が使った場所ぐらいはキレイに戻してから帰宅の途についてほしい。

消火とは
火を完全に
燃やしきることである

消火と片付けは面倒くさい作業だ。時間がかかるし、手は汚れるし、楽しいことなんてひとつもない。さっきまでの炎が懐かしく感じてしまう。

しかし、後片付けは地味ではあるが、非常に重要な作業である。焚き火の片付けをせずに放置してしまうと、どんどん焚き火のイメージが悪くなり、いずれは禁止になってしまうこともあり得る。

信じられないことだが、キャンプ場では目に余る行為が多々ある。燃やした跡を放置したまま帰ってしまったり、指定場所以外にゴミや燃えカスを捨てたり、灰捨て場なのにまだ燃え残っている炭を捨てていく人がいるのだ。

片付けには意外に時間がかかる。帰る直前に慌てることを避けるためにも、出発時間から逆算して少しずつ片付けを進めたい。たとえば、出発の2時間前には薪を燃やし終わらないと灰にはなってくれないのだ。どうしてもギリギリまで焚き火を楽しみたいなら、燃焼時間が短い針葉樹や焚きつけを燃やすといい。

消火用の
スプレーも便利
QUICK
GUARD
携帯できるスプレータイプの小型消火器も
ホームセンターで販売されている

灰と炭を勘違いしている人も多いようだ。灰は植物の肥やしになるが、炭は自然環境によいものではない。炭は自然に返らず永久に残るので、土に埋めたり、森に捨てることは絶対にNG。

灰になるまで燃やしきれない場合は、しっかり消火してゴミとして捨てる。基本は燃えるゴミとなるが、自治体によってルールが異なるので、必ず確認してから捨てること。

あまりしつこく言いたくはないが、ルールやマナーを守ることは、自分の未来の楽しみを守ることにもつながる。火のない所に煙は立たぬ。火を完全に消すことで、余計なクレームも避けられる。

直火の片付けまでの手順

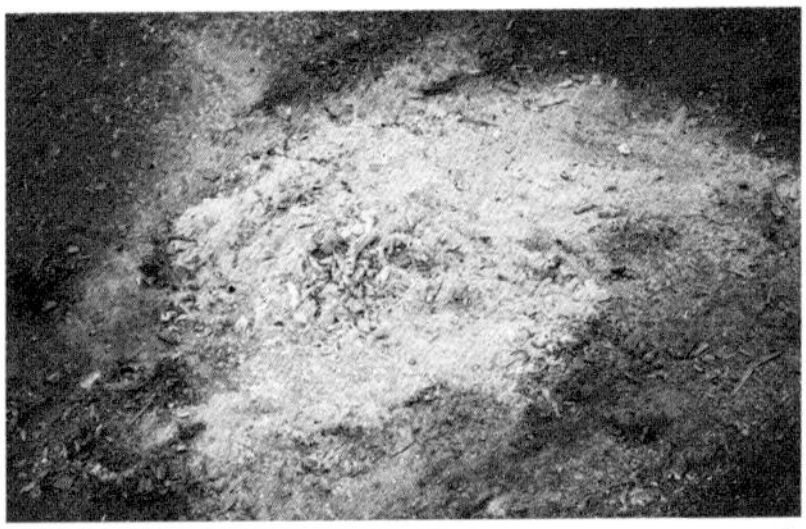
1

2

3

4

5

6

1 灰になるまでしっかり燃やしきる。炭火が燃え残っていたら、中央に集めると燃えが早くなる。

2 灰になるまで燃やしきれない場合は、水をかけてもいい。炭や灰が飛び散るので風向きを考える。

3 焚き火の周りの土にも水をかける。炎が目に見えなくても、地中で火がくすぶっている可能性もある。

4 灰は土に埋めても問題ないが、炭が混ざっていることもあるので、拾い集めて持ち帰るのがベスト。

5 靴で地面をならしながら、くまなく拾い集める。水をかけると土と灰、炭が分かれて見分けやすい。

6 次の人が気持ちよく焚き火ができるように、後片付けの基本は原状復帰までと心がけよう。

焚き火台に水をかける

時間に追われると水をかけたくなる気持ちもわかる。しかし、焚き火台の気持ちになれば、やってはいけないのは明白。台は傷むし、灰がこびりついて大変だ。

まだ火が燃え尽きていない場合

1

2

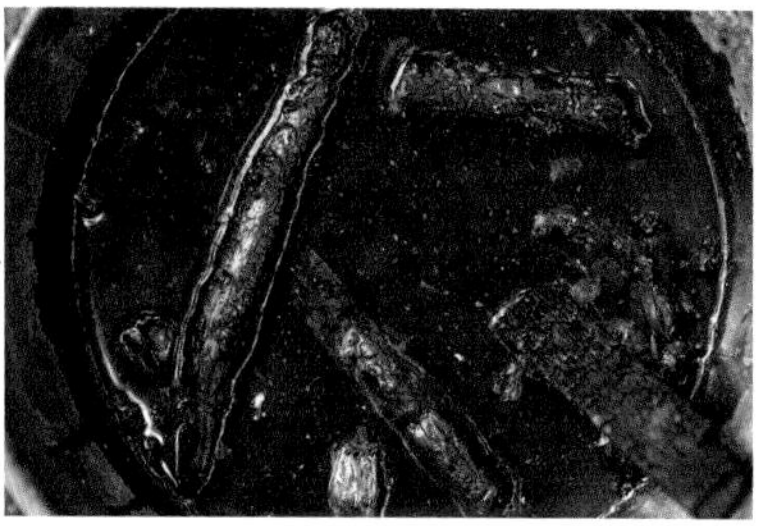

3

1　時間を逆算して、ギリギリまで燃やさず、早めに切り上げる。間違っても薪は足さない。

2　どうしても燃やしきれない場合は、燃えさしを消火用バケツの水に突っ込んで消火する。

3　水の中に入れても、すぐには消えない。少しの間、このまま放置しておくこと。

炭は消火して
再利用

炭なら水をかけても乾かせば再利用できるので、火消し壺に燃えさしを入れて持ち帰る。

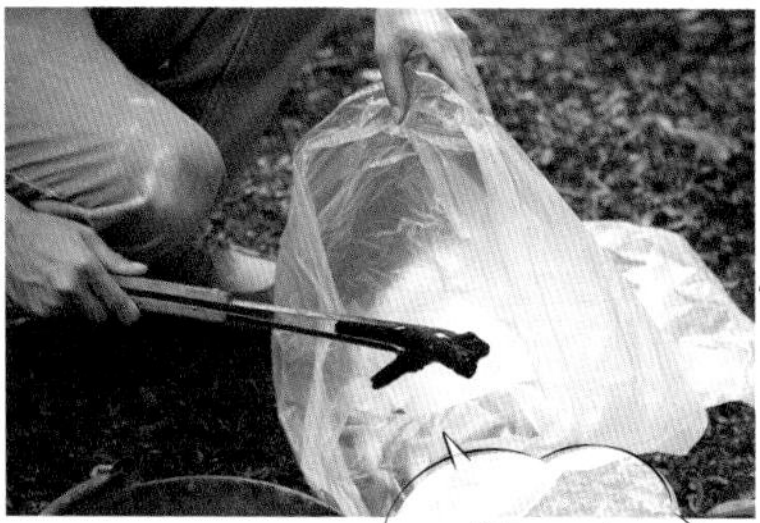

燃えカスは
ゴミ袋へ

熱と煙が収まったらゴミ袋に移す。しっかり消火できていないと、袋が溶けてしまう。

これは絶対NG!

灰を地面に捨てる

茂みにしれっと捨ててある燃えカスをよく見かける。これは立派な不法投棄で、罰せられても文句は言えない。燃えカスは各自がゴミとして処理しよう。

手入れ次第で焚き火台の寿命はぐーんと延びる

　どれほど悩んで購入したとしても、月日の流れとともに焚き火台への愛情は薄れていく。普通の道具は使えば使うほど愛着がわくものだが、焚き火台はレザーやデニムのような経年変化を楽しむものではなく、ただヘタレていくのみ。使い込むうちに組み立てや撤収作業が早くなるくらいで、どんどん雑な扱いをするようになってしまう。

　私も最長で15年ほどこき使ったものがあったが、最後は野ざらしにしてしまった。いま思うと、もっとやさしくしてやればと反省している。現在は、庭の片隅にオブジェのように置かれ、恨めしそうにしている。

　購入時のあのワクワクを忘れないためにも、相棒のケアを怠らず、大事に扱ってもらいたい。錆びにくいといわれているステンレス製でも、まったくケアをしないとさすがに傷む。特に水や塩分を含んだ潮風には弱いので、使用後はさっと汚れや水分を拭いてやるといい。薪を濡らさない心配はするが、台も同じくらいデリケートなことを覚えておこう。

　接合部や傷、地面に接する部分から錆びやすいので、特に念入りに手入れしたい。また、厄介な〝もらい錆び〟にも注意しよう。錆ついた道具と一緒の袋で保管したり、重ねてしまうと錆が移ってしまうのだ。

　しょっちゅう新しいパートナーを迎え入れて、そのたびに探り合うより、気心知れた相手と長く過ごすほうが楽だろう。疲れて帰宅した後では、なかなか面倒な作業かもしれないが、頑張ってくれている道具のことを思えば簡単なメンテナンスくらいできるはず。保管場所も湿気がなく、風通しがよい快適なところを選び、長生きさせてあげたい。

焚き火台の手入れ

1 汚れは火床に集中。炭や灰を捨てた後も熱が冷めるまでは触らない。

2 手で払わずに、手箒を使ったほうが細かい汚れも落としてくれる。

3 調理に使うと肉の脂などがこびりつくので、タワシで水洗いする。

4 乾いたタオルでしっかり水分を拭き取る。怠ると錆びやすくなる。

5 乾かしてからしまうこと。細かいパーツを置き忘れないように。

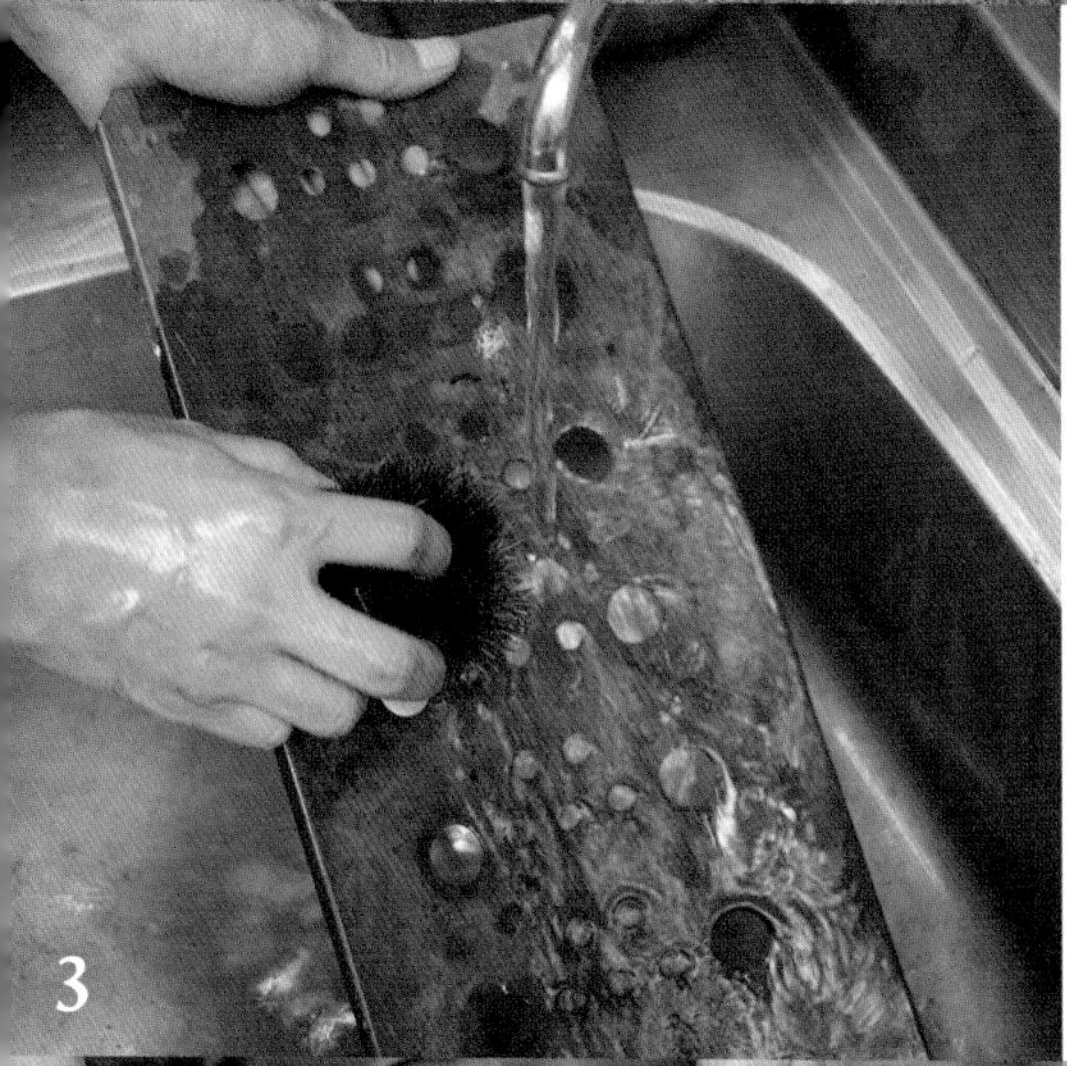

道具を出したら
元の位置に戻す
をクセにする

焚き火やキャンプでは、いろいろな道具を何度も出し入れしなければならない。準備や本番は楽しいが、後片付けがおっくうなのは誰しもの本音だ。道具を使ったら、逐一、元の位置に戻す。この基本中の基本を心がければ、片付けには手間をかけずに済む。

せっかくきれいに片付けた道具を、車に積みっぱなしにしているキャンパーは少なくない。これは道具の劣化を早めてしまうだけでなく、かなり危険な行為でもある。

ライターやガス缶の中身は、40度を超えると気化して膨張し始めるのだそう。温度が上がれば上がるほど、破裂のリスクは高まる。直射日光が当たらない場所に置いたとしても、車内は想像以上に暑くなる。以前、ライターが車内で突然爆発して肝を冷やしたことがある。心配なら、マッチやファイヤーストライカーを持つといい。

火おこし道具やカトラリーなどは、用途別に収納しよう。収納コンテナを色分けしておくと、中身がひと目でわかる。仲間に取ってきてもらうときにも伝えやすい。密封性が高いコンテナは雨や湿気に強いが、濡れたまま道具をしまってしまうと錆びやカビの原因になる。私は中身がすぐわかり、通気性のいいメッシュタイプのものにしまうようにしている。

ちなみに、車への積み込みは、大きな荷物から積んでいくとバランスがとりやすい。また、道具を掃除した後は再び汚れてしまわないよう、レジャーシートを敷いた上にまとめておく。そうすると次に何を積めばいいかも整理しやすいし、汚れたままの道具で車内が汚れることも避けられる。

焚き火臭は洗剤選びで消し去る

タバコと焚き火のにおいが体や服に染み込んでいるらしく、「顔を見なくても、横切るだけですぐわかる」と言われてしまう。職業病ならぬ、職業臭だ。

これまで、さまざまな素材の服を試してみたが、残念ながらにおい問題は避けられない。においがつくことが嫌で焚き火に手を出さない人もいるに違いない。

意識次第で、煙の影響を減らすことはできる。煙が出づらい焚きつけを使う、常に風上にいる、煙が少ない広葉樹の薪を燃やす、の3点だ。これでもダメなら諦めるしかない。

あとは、焚き火後の服を放っておかず、脱いだらすぐ袋に入れて密閉しておけば、車や部屋へのにおい移りの被害を最小限にできる。目に見えない細かい物質が服の繊維に入り込んでにおいがするので、強力な洗剤や漂白剤でまめに洗うことがいちばんの解決策になる。ほかの洗濯物とは一緒に洗わないほうがいい。

1

2

3

作業用の洗剤が最強の選択肢

3タイプを汚れやにおい具合で使い分ける。中性タイプは生地や肌にやさしい。酸素系漂白剤は、塩素系のように色落ちせず、殺菌や消臭効果も高め。作業着用洗剤は界面活性剤の配合率が高く、頑固な汚れやにおいも落ちやすい。

弱

中性洗剤

酸素系漂白剤

作業着用洗剤

強

4

5

6

1 ジッパー付きの袋に水を半分ほど入れる。冷凍用のものが丈夫。

2 洗剤を濃いめに入れる。肌が弱い人は手にかからないように慎重に。

3 洗濯物を入れる前に、洗剤をよく溶かす。シャカシャカすればOK。

4 服を入れて漬け置きしてからモミモミ。汚れとにおいが溶け出す。

5 すすいだ水が濁らなくなるまで、すすいでは絞るを繰り返す。

6 日によく当てて干す。このように、ほかの洗濯物と別に洗うといい。

下を向くのは焚き火の
時間だけにしたい。思
わぬ拾い物があるかも

マイスターの御用達ショップ

話題のショップは焚き火まわりも充実している

Orange《オレンジ》

日本全国のアウトドアショップのなかで群を抜く知名度、影響力。オリジナルブランド「Mikan」をはじめ、毎シーズン、有名ブランドとのコラボ企画は、常に注目を集めている。火の粉に強い難燃素材を使ったアウター・パンツを「ナンガ」や「グリップスワニー」に別注をかけるなど、焚き火ウェアにも力を入れている。また、アウトドアスパイス「ほりにし」は爆発的な人気で、キャンパーなら誰もが知っている調味料だ。

「ほりにし」の名は開発したショップマネージャー堀西さんから

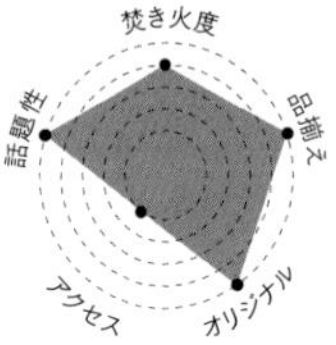

data

- 和歌山県伊都郡かつらぎ町妙寺488-4
- 11:00～20:00
  無休(年末年始は休み)
- 0736-20-1329(ギア館)、
  0736-26-8888(アパレル館)
- https://shop-orange.jp

忘れ物しても早朝営業なのでカバーできる

STANDARD point outdoor

山梨側、富士山の周りはキャンプ場が多いエリアだが、アウトドアショップは少なく、忘れ物をしてしまうとアウト。しかし、ここは週末なら朝7時からオープンしているので安心。オーナーの長田さん自身もキャンプ好き。店内にはキャンパーならではの目線でセレクトされたギアが並ぶ。薪も手頃な価格で買えるので行きしなに立ち寄りたい。モール内にあるので、食材も買える。

アクセスもよく、キャンプの前後で立ち寄りたくなる

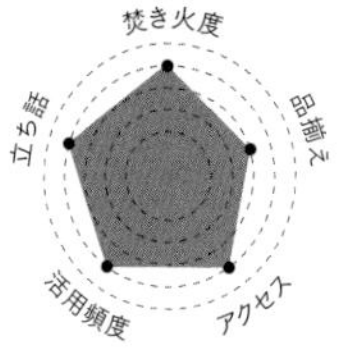

data

- 山梨県南都留郡富士河口湖町小立8017-1
  フォレストモール富士河口湖D棟
- 10:00～19:00、7:00～18:00(土日・祝日)
  お盆シーズンは7:00～18:00(要TEL確認)
  水曜休
- 090-3596-1019
- https://standard-point.com

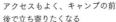

マイスターが
携わった
アイテムも発売中

muraco《ムラコ》 FACTORY BRANCH

“黒のテント”でキャンプ業界をザワつかせたアウトドアメーカー「muraco」のフラッグショップ。金属加工会社から生まれたブランドならではの技術とデザインは、キャンパー心をくすぐる。なかでもオリジナルの焚き火台は持ち運びやすく、きゃしゃなデザインながらもタフなのでヘビロテしてしまう。立ち上げから親交があり、いまではアンバサダーとしても活動中。自身初となる持ち込み企画のプロダクト開発も行なってくれている。

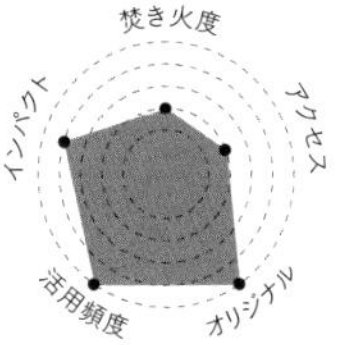

もともとある事務所、工場内にショップが併設されている

data

- 埼玉県狭山市根岸649-7
- 11:00〜19:00
  火・水・木曜休
- 0120-351-665
- https://muracodesigns.com

薪の種類が
豊富にそろう、
焚き火専門店

iLBf《イルビフ》

焚き火ギアを取りそろえるショップは数多いが、ここまで薪の種類がそろうのは珍しい。常時、約8種類の薪が置かれ、含水率までこだわる徹底ぶり。ショップの並びにはガレージのようなスペースがあり、焚き火台を使って実際に火をおこすことができる。店名の由来でもある「I LOVE THE BONFIRE」（この頭文字を取った造語）にオーナー堀之内さんの“焚き火愛”が詰まった焚き火専門店は、日本でここだけ。

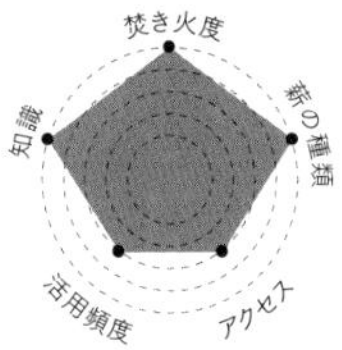

生産数が少なくなかなか手に入らないレアな焚き火台も販売

data

- 埼玉県三郷市彦成4-4-17
  みさと団地南商店街104
- 12:00〜19:00、
  10:00〜19:00（土日・祝日）
  木曜休、隔週水曜休（不定休）
- 048-951-4949

思わず
ポチっとしたくなる
通販サイト

naturum《ナチュラム》

のぞくたびに、ついついポチポチ。アウトドア用品だけで約40万点も扱い、その実績と信用は折り紙付き。ポイント還元や規定購入金額以上で送料無料はうれしい。実際に手に取れない分、しっかりとした商品説明やレビューが充実。特集コンテンツやランキングを見れば、流行や焚き火に必要なギアなどが一発でわかる。アウトドア初心者でも間違いのない商品選びができるはず。必要以上に買ってしまいたくなるので、財布と相談しよう。

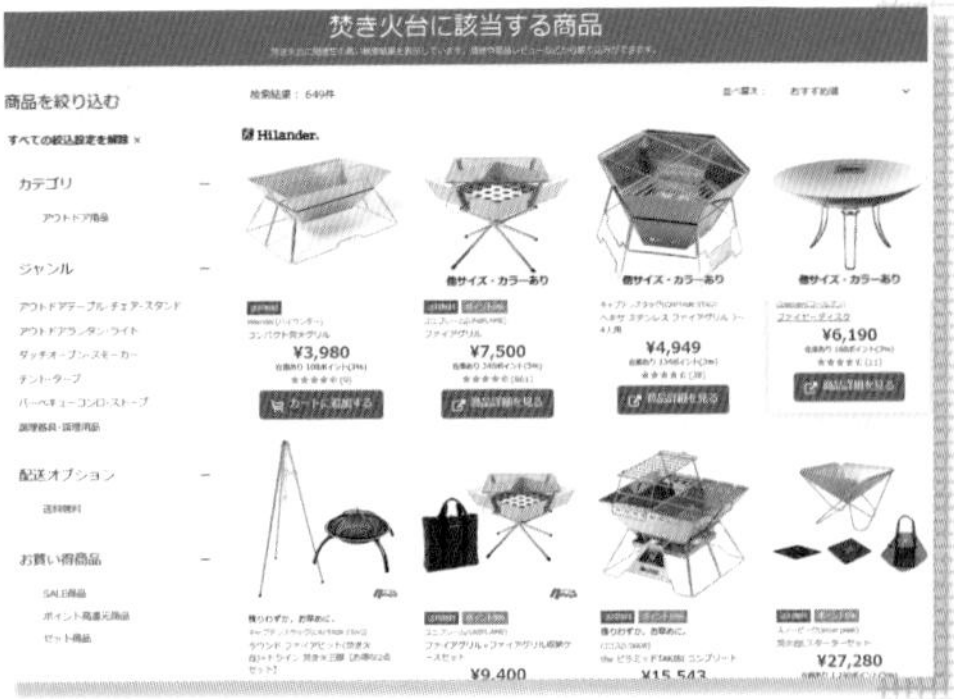

オリジナルブランド「ハイランダー」も展開している

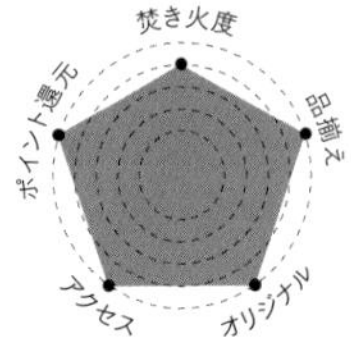

data

・www.naturum.co.jp

焚き火まわりの
気の利いた
アイテムがそろう

A&F《エイアンドエフ》カントリー本店

日本のアウトドア文化を支えてきた40年以上続く老舗ショップ。初めて行ったアウトドアショップとして、いまでもあのワクワクドキドキは覚えている。世界中から厳選されたアイテムのなかでも、キャンプメーカー「コフラン」はおすすめ。焚き火やBBQに使える合理的でユニークなアイデアの小物は、コスパもよく思わず手に取ってしまう。伸縮可能で手元を回せる長い串は、マシュマロを焼くのに便利。

「ペンドルトン」のブランケットをおけばグッとオシャレに

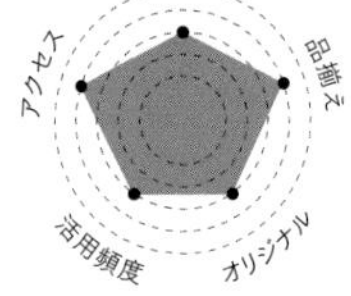

data

・東京都新宿区新宿6-27-56新宿スクエア 1F
・11:00〜20:00
　不定休
・03-3209-0750
・https://aandf.co.jp

ワンランク上の
アイテムが並ぶ。
特に斧は注目

NORDISK《ノルディスク》 CAMP SUPPLY STORE by ROOT

白クマのロゴでお馴染みの「ノルディスク」の直営店。ノルディスク製品がすべてそろっているほか、人気アパレルからキャンプ用品まで幅広いラインナップで、キャンプからライフスタイルまでトータルでコーディネートできる。なかでも注目はNY発「ベストメイド」の斧。いままでさまざまな斧で薪割りをしてきたが、デザインと切れ味は他を寄せつけない。高額なので観賞用にする人もいるようだが、ガンガン使い込んでほしい。

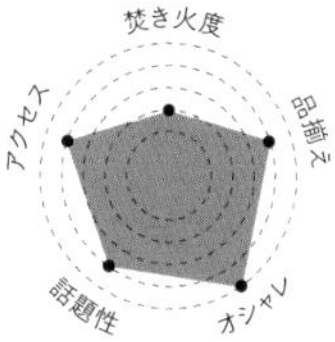

店舗からはすぐ高速道路に乗れる立地のよさもコンセプトに

data

- 東京都世田谷区砧2-21-17
- 11:00〜19:00(火〜金)、10:00〜19:00(土日・祝日)
  月曜休(月曜祝日は10時より営業。
  翌火曜振替休)
- 03-5429-6909
- https://root-store.com

アットホームな
ショップが
増えている

Abenteuer《アーベントイアー》

趣味だった登山やキャンプが高じて、セレクトショップを立ち上げた吉田夫妻。内装もDIYしただけあって温もりがある。また、ただ商品を売るだけでなく、キャンパー目線でしっかりとした接客をし、イベントも催し、地域密着している。子どもに対しては「火育」を積極的に行ない、ちびっ子焚き火マイスターを育成中。火に触れる機会が減ったこのご時世の中、稀有な存在のショップとして、どんどん焚き火を推奨してほしい。

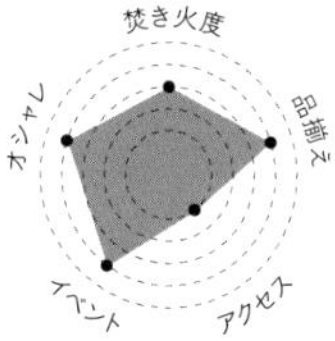

地元の酒蔵と組んで蒸留酒のクラフトジンづくりも始めている

data

- 愛媛県新居浜市星原町12-37
- 10:30〜19:00
  火曜、第2水曜休(不定休)
- 0897-47-7855
- @abenteuer2020

モデル料金 ¥7,600

マイスターの御用達フィールド

マイスター、
思い出の地

不動の滝自然広場
オートキャンプ場

5年前、初めて焚き火のワークショップを開催した場所。緊張しながらの薪割り・火おこしは、いまでもハッキリと覚えている。そのときいただいたギャラは使わずに保管している。場内にはバーが併設されていて、夕方からはスタッフがバーテンダーになってビールやカクテルを作ってくれる。少し高台にあるのでキャンプサイトが見下ろせ、他キャンパーの焚き火のゆらぎをつまみに一杯飲む、大人の楽しみ方もできる。

都心から3時間で大自然を感じられる。ギリ日帰りでも行ける

data

- 静岡県榛原郡川根本町下泉1122
- 0547-56-1600
- 営業期間：4月上旬〜12月下旬
- チェックイン：14:00〜
- チェックアウト：〜12:00
- http://ffnpcs.com

モデル料金 ¥5,600

どデカい焚き火を
囲みたいなら

ライジングフィールド
軽井沢

アクセスがよく、特にファミリー層に人気。広大な芝生広場からは浅間山が一望できる。その広場の中心にはキャンプファイヤーベースがあり、イベント時には盛大に燃やすことができる。焚き火とは違うサイズの炎は圧巻。焚き火イベントを行なった際は土地柄を考慮してドレスコードを設け、ジャケットかスーツを着用してもらった。奇抜なイベントから一般的なキャンプまで受け入れる懐の広いフィールドだ。

燃える炎が大きいほど、幼少期の思い出として残るだろう

data

- 長野県北佐久郡軽井沢町長倉2129
- 0267-41-6889
- 営業期間：通年
- チェックイン：13:00〜
- チェックアウト：〜11:00
- https://www.rising-field.com

＊「モデル料金」は夏場に大人2名、子ども2名、車1台でテントサイトを利用した際の目安となる金額

アイコンの見方　Wi-Fi　コテージの有無　水洗トイレの有無　蛇口からお湯が出るか　ペット同伴　ウェブ予約

チーフは
火おこしのプロ

モデル料金 ¥8,800

フォレストサンズ長瀞

都心からのアクセスがよく、景勝地の長瀞渓谷沿いにある。トレーラーハウスやコテージに泊まることもできるが、川のせせらぎと焚き火を楽しむならテントサイトがおすすめ。炎のゆらぎと水の流れはずっと見ていても飽きず、時間を忘れさせてくれる。キャンプ場チーフの猪野健太さんはブッシュクラフトインストラクターの資格を持っているので、火おこしに困ったら頼ってみても。猪野姓は、焚き火と縁があるようだ。

アメリカンな感じが漂い、トレーラーハウスにも宿泊できる

data

- 埼玉県秩父郡長瀞町大字本野上363
- 0494-26-6111
- 営業期間：通年
- チェックイン：13:00〜17:00
- チェックアウト：〜11:00
- http://forestsons.jp

直火可能エリアもある
関西エリアの人気No.1

モデル料金 ¥7,000

青川峡
キャンピングパーク

東海・関西エリアのみならず日本全国からキャンパーが訪れる。ファミリー層にも人気のオートキャンプ場として有名。ロケーションや設備の整った施設はもちろん、親しみやすいスタッフもキャンパーから愛され、リピート率が高い。うれしいことに、水辺サイトのファイヤープレースでは直火が可能。大浴場もあるので、焚き火臭を洗い落として快眠できる。「24時間、火を絶やさない」という突拍子もない経験をさせてもらっている。

場内には大浴場もあるのでサッパリできて、快眠も保証される

data

- 三重県いなべ市北勢町新町614
- 0594-72-8300
- 営業期間：通年（メンテナンス休業あり）
- チェックイン：14:00〜
- チェックアウト：〜12:00（テントサイト）
- https://www.aogawa.jp

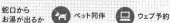

モデル料金
¥7,700

名物スタッフは
焚き火名人

NEO
キャンプピングパーク

トレーラーキャビンの前のファイヤーピットで、豪快な焚き火を楽しむアメリカンスタイルを体験できる。大人数で泊まれるコテージもあり。炎がレインボー色に燃えるアイテムも販売されているので、締めの焚き火でみんなをビックリさせてみよう。スタッフの西尾さん（通称トム）はキャンプ場業界で有名な方。アウトドアショップ経験もあって、ギアの知識も豊富。私とは公私ともに仲良く、裏話を聞きたい人はぜひ。

釣りやつかみ捕り（有料）もあり、そのまま焚き火調理もできる

data

- 岐阜県本巣市根尾下大須1428-1
- 0581-38-9022
- 営業期間：繁忙期以外は水曜定休(要TEL確認)
- チェックイン：14:00～18:00
- チェックアウト：8:00～11:00
- http://neocamp.jp

モデル料金
¥12,000
（宿泊イベント料金）

焚き火“台”マイスターが
教えてくれる

キャンプ民泊NONIWA

「野あそび夫婦」として活動する青木夫妻が運営する、キャンプ初心者向け施設だ。紹介制でしか泊まれないが、オープンイベントに参加すれば予約できるようになる。道具はすべてレンタル可能で、焚き火台マイスターの旦那さんが使い方からメンテナンスまで丁寧・的確にアドバイスをしてくれる。多種多様な焚き火台を試せるので、購入の参考にもなる。トイレや風呂は家の中なので女性やファミリーにおすすめ。

月1～2回あるデイイベントのなかには子ども向けの火育もある

data

- 埼玉県ときがわ町
- https://noniwa.jp

※詳細はHPでご確認ください

＊「モデル料金」は夏場に大人2名、子ども2名、車1台でテントサイトを利用した際の目安となる金額

アイコンの見方 Wi-Fi コテージの有無 水洗トイレの有無 蛇口からお湯が出るか ペット同伴 ウェブ予約

満天の星のもと
焚き火を楽しめる

モデル料金 ¥6,500

雨飾高原キャンプ場

日本百名山の雨飾山の麓、標高1200mに位置するキャンパーの避暑地的焚き火スポット。標高が高いので平地と比べて湿気や気温が低く、夏でも昼間からストレスなく焚き火ができる。夜には天の川と熾火が共演して、キラキラした幻想的な写真映えする光景が現われる。スウェーデントーチも販売されている。年間5カ月しかオープンしておらず、ありがたみを感じてしまう穴場。

ハイカー専用サイトもあるので、泊まるだけでも価値はある

data

- 長野県北安曇郡小谷村中土18926-1
- 0261-85-1045
- 営業期間：6月下旬～10月下旬
（気象条件で変更あり）
- チェックイン：13:00～17:00
- チェックアウト：9:00～11:00
- https://www.amakazari.com

もうひとりの焚き火
マイスターが教える

モデル料金 ¥10,000

焚火カフェ

焚き火の世界で活躍し続けている寒川一さん（アウトドアライフアドバイザー）が案内人を務める、神出鬼没の1日1組限定カフェ。1週間前までの完全予約制で、場所は神奈川県三浦海岸とだけ決まっていて、季節や天候によって変わっていく。焚き火の心地よさは天候や風向きに左右されるので、理に適ったシステムだ。フォトジェニックな焚き火を演出してくれること間違いない。

寒川さんオリジナル焚き火台で、拾った流木を燃やす贅沢な時間

data

- 三浦半島西側海岸
- お申し込み方法：Facebook『焚火カフェ』のメッセージから
- 2～3人での利用：¥3500／1人
4人以上での利用：¥2500／1人
（体験レクチャーつき）
- https://ja-jp.facebook.com/3knottakibicafe/

焚き火用語辞典

ア行

【A面】 焚き火の熱が体に当たっている面。当たっていない裏側はB面。

【熾火】 薪の炎が落ち着き、炭の状態になっていること。

カ行

【ガレージブランド】 小規模生産でオリジナル商品を展開するブランド。アウトドア業界を盛り上げる存在にもなっている。

【カンカン】 熱さを表現する言葉。焚き火台の代用にもなる一斗缶を指す場合も。

【ギア沼】 焚き火道具にかかわらず、道具にハマって、すぐポチってしまうこと。

【気乾比重】 乾燥した状態の木材の重さと同じ体積の水の重さを比べた値。木材の強度や硬さを表すためのひとつの基準値。

【キンドリングクラッカー】 誰もが簡単・安全にできる薪割り台。通称、キンクラ。

【クッカー】 アウトドア用の鍋。チタン、ステンレス、アルミ製がある。焚き火調理には、直火対応のものがマスト。クッカー（英語）とコッヘル（ドイツ語）は同アイテム。

【グローブ】 手袋のこと。キャンプシーンではレザー手袋や難燃素材のグローブを指す。

【ケトル】 お湯を沸かすアウトドア用ヤカン。ステンレス、アルミ、ホーロー、銅が主な素材。

【広葉樹】 木の種類でナラ、ケヤキ、クヌギなど。火持ちがよく、焚き火に最適。

【御神木】 直火で使われる2本の太い木。燃え方も独特で神がかっている。

【五徳】 熱源の上に置く頑丈な網。オプションで付いてくることも。

【護摩る(ごまる)】 護摩行のように熱さを我慢し、汗ダラダラで薪をくべるさま。

サ行

【残置】 前の利用者が残していったもの。燃やし残し、炭、薪、ゴミなど。

【シェラカップ】 取っ手が付いた浅型のカップ。ひと回り大きいものをロッキーカップと呼ぶ。

【直火】 焚き火台を使わず、地面の上に薪を組んで燃やすこと。

【湿気ってる】 濡れている薪や枝、葉っぱ。

【シュコシュコ】 手動の空気入れ。

【針葉樹】 木の種類でスギ、ヒノキ、マツなど。焚きつけに最適。

【杉っぱ】 スギの葉。私の地元、千葉の方言。

【スキレット】 アウトドア調理器具の定番、鉄のフライパン。蓄熱性が高く、ムラなく食材に火が通る。メンテナンスをしっかりしないと錆びる。

【育てる】 着火から安定した炎になるまでの総称。

【ソロ】 1人で楽しむスタイル。

タ行

【焚きつけ】 薪に火をつけるための燃料となるもの。別名火口(ほくち)。

【焚き火】 薪を燃やす行為。いまでは指定された場所でしかできない。

【焚き火臭】 焚き火の煙で臭くなること。

【焚き火台】 薪を燃やすための台。

【焚き火マイスター】 現状、肩書として使っている人は私だけ。

【たき火ヴィレッジ〈いの〉】 私のホームグラウンド。焚き火の聖地として開墾中。

【ダッチオーブン】 厚手の鋳鉄やステンレス製の蓋付き鍋。調理を失敗することが少ないので、誰でも料理人気分になれる。

【チカッてる】 焚き火をしているにもかかわらず、その場を離れてしまい、戻ってきたらイスに穴があいたり、タープが燃えてしまっていたりすること。やらかしてしまうこと。

【着火剤】 薪への着火を補助する便利な道具。種類によって、特徴はさまざま。

【撤収】 片付けのこと。

【とろ火】 薪がゆっくり燃え、炎もゆらゆら。
【トング】 燃えた薪を挟んで動かせる器具。調理用と焚き火用、2つあるとよい。別名、炭つかみ。

ナ行

【ナイフ】 固定刃と折りたたみ式がある。日常からアウトドア用に1本あると、なにかと困らない。
【鉈】 日本伝統の刃物。枝打ち、木を削る、草刈りなど幅広い用途がある。
【生木(なまぎ)】 乾燥していない木のこと。水分が多いので燃えづらい反面、一度火がつくとゆっくり燃えてくれる。
【難燃素材】 燃えにくい素材。燃え広がらずに炭化してしまう優れた生地。
【ネイチャーストーブ】 小枝を燃やす、お一人様用の焚き火台。
【ニトスキ】 ニトリで売られているスキレットの通称。低価格で人気。

ハ行

【爆ぜる】 薪が燃えて火の粉が飛び散ること。
【ハチェット】 ハンドアックス、手斧の別名。
【バックドラフト】 息を吹きかけていたら、急に炎が自分の方向に向かってくること。火災現場で起こる現象。
【バトニング】 ナイフを使って薪を割ること。
【バーナー】 正確にはトーチバーナー。高温の炎を出し、火おこしの最終兵器。
【バラす】 テントや焚き火台を片付けること。雨などで予定をキャンセルすること。
【飯ごう】 お米を炊く調理器具。
【火消し壺】 火がついたままの炭や薪を消化できる壺。蓋を閉めれば、そのまま持ち帰ることもできる。
【ファイヤーピット】 焚き火台ともいうが、焚き火専用の共有スペース。キャンプ場などではシンボル的存在。
【フェザースティック】 ナイフを使い、枝の表面を鳥の羽のように毛羽立たせたもの。火がつきやすいので焚きつけとして使う。
【奉行】 鍋奉行ならぬ焚き火奉行。トングを独占し、薪もくべさせない。
【ブッシュクラフト】 極力道具に頼らないスタイルで、一種のブームとなっている。
【ふもとっぱら】 静岡県の富士山の麓にあるキャンプ場。いまではキャンプ場の聖地として日本全国からキャンパーが集まる。
【仏】 悟りを開いた仏のように身動きせず、ジッと焚き火を見つめている人。
【ボトル爆弾】 無法者が飲み干したキャップ付きの空きボトルを焚き火に投入して、破裂させる危険な行為。
【ボンファイア】 焚き火の英語読み。

マ行

【薪玄人】 焚き火に精通している人。
【薪割り台】 主に丸太を使用。薪と斧があっても台がないと割りにくい。
【マグマ】 熾火になって薪が真っ赤になっている状態。
【メスティン】 お米も炊ける、「トランギア」社が販売する万能クッカー。
【メラメラ】 炎が動いている様子。
【モフモフ】 焚きつけに使う、麻ひもをほどいたもの。

ヤ行

【やっつけ】 薪を適当にくべること。やっつけ仕事から由来。

ラ行

【ロストル】 焚き火台の上に這わせる耐久性の高い網。脚がないところが五徳と違う。

ワ行

【輪っぱ】 薪の束に使われている針金や結束バンドのこと。

おわりに

ここまで読んでいただき、焚き火に一層興味を持ってもらえたなら嬉しいかぎりだ。フィールドで実践してみると、「なんだ、思ったより簡単じゃん」と感じたことも多いだろう。火を囲みながら、「焚き火マイスターなんて誰でもなれるじゃん」と笑い話のネタにしてもらえたら本望である。

正直、私は5年後も焚き火業界の真ん中にいようとは思っていない。もしまだいたとしたら、それは世の中にとって焚き火は「非日常」のままであるということ。私は焚き火を「日常の延長」の、もっと身近なものにしたくて、この本を書いている。

できることなら、このブームをきっかけに文化としての焚き火を取り戻したい。一気に世の中が変わることはないが、コツコツと続けていけば、焚き火が日常に近づくこともあるはず。私自身も驚いているのだが、本拠地としている千葉市では最近、焚き火に関する条例が緩和された。望みを捨ててはいけない。

また、先人たちへの感謝も忘れてはいけない。彼らが積み重ねた努力と知恵のおかげで、便利な道具を手に、大した苦労もなく焚き火を楽しませてもらっている。私もアウトドアの先輩や親世代には、ずっと助けられてきた。今度は私が焚き火の楽しさや魅力、技術を、未来へとつないでいく番だ。

きっと焚き火の明かりのように、未来も明るいはずだ。

焚き火の本

2020年10月1日　初版第1刷発行
2021年 2 月1日　初版第5刷発行

著者　猪野正哉

発行人　川崎深雪

発行所　株式会社山と溪谷社
〒101-0051
東京都千代田区
神田神保町1丁目105番地
https://www.yamakei.co.jp/

印刷・製本　株式会社光邦

●乱丁・落丁のお問合せ先
山と溪谷社自動応答サービス
TEL：03-6837-5018
受付時間／10:00-12:00
13:00-17:30（土日、祝日を除く）
●内容に関するお問合せ先
山と溪谷社
TEL：03-6744-1900（代表）
●書店・取次様からのお問合せ先
山と溪谷社受注センター
TEL：03-6744-1919
FAX：03-6744-1927

ISBN978-4-635-50040-1
●定価はカバーに表示しています。
●乱丁・落丁本は送料小社負担にてお取り換えいたします。

写真　矢島慎一

イラストレーション　竹田嘉文

ブックデザイン　尾崎行欧、宮岡瑞樹、
安井彩、本多亜実（oi-gd-s）

校閲　戸羽一郎

編集　池田 圭
五十嵐雅人（山と溪谷社）

猪野正哉

焚き火マイスター／日本焚き火協会会長／アウトドアプランナー。ライターやモデルとして活動し、フジTV『石橋、薪を焚べる』の焚き火監修や、BS日テレ『極上！ 三ッ星キャンプ』の三ッ星ファミリーの一員でもある。

たき火ヴィレッジ〈いの〉

自身が運営・管理するアウトドアスペース。現在、一般開放はしておらず、撮影やイベント時のみ使える場となっている。メ～テレ『おぎやはぎのハピキャン～キャンプはじめてみました～』のロケ地にも使われた。